永遠之法
永遠の法
人生，只有短短的現世，還是像時間一樣無限綿長？
如果在世只有幾十年的光陰，我們只要鎮日尋歡作樂就好了。
很可惜，真相並非如此。
在你闔上雙眼的一剎那，永恆的生命才要展開
大川隆法
Ryuho Okawa

前言

本書，是名副其實的「永遠之法」。以理論的形式呈現出真理結晶，此乃前人未至之悟，後人難及之境。

本書繼《太陽之法》、《黃金之法》皆為華滋出版之後，開示了佛法真理的空間論，完成了三部基本法，描繪出愛爾康大靈之法的輪廓。這三部法典網羅了人生真理的巨大「法體系」（《太陽之法》）；以展望超過數千年的視野，闡述了諸如來、諸菩薩活躍史的「時間論」（《黃金之法》）；以及明示人的靈魂離開世間後，所前往的靈界的次元構造之「空間論」（《永遠之法》）。這三部法典，為愛爾康大靈（El Cantare）之「法」的基柱，建構出其「法」的特徵。

如今，流傳悠久的奧祕終於揭示。以往，地球系靈團最深的奧祕總是覆蓋著傳說和神話的面紗，到此已真相大白。謹以發展、融合世界諸宗教思想體系，作為本書獻世之悲願。

幸福科學集團創始人兼總裁　大川隆法

Contents

Contents

Contents

Contents

Contents

Contents

四次元世界

第一章

一、靈界與世間

「人究竟從何處來，又往何處去？」這是深藏於世人內心的一大疑問，但在現實中，似乎很少人能夠明確解答這個疑問。

要能解答這問題，必須先了解靈界與世間的關係；不明白靈界與世間的關係，就無從說明起。遺憾的是，至今世間性學問的深度，還不足以解釋靈界與世間的奧祕關係，也尚未確立出探究這層關係的理論。

從古至今，許許多多的通靈者為了解開這個奧祕，做過不少嘗試。有的通靈者可以得到人們的信賴，但絕大部分的通靈者在人格上尚未成熟，常有異於常人的言行。因此，世人不輕易相信通靈者所講的話。雖然有些通靈者宣稱看到了靈，或者對人做出某種預言，但沒有任何可以驗證的憑據，之後，這些話反而會給人們心裡帶來不安。因此，世人往往是沒有親眼看見實證，就不肯相信。

靈界與世間的關係難以定義，原因就在於聽到這些話的一般人，很難獲得與通靈者相同的靈性體驗。

如果任何人都能像通靈者那樣，再三地經驗靈性體驗，那麼，靈界之存在早就被人承認了。然而，實際上多次的靈性體驗，也只有某些特殊的人才做得到。因此，一般人難以真正理解靈界是怎樣的世界。有世間性常識的人，也不願意承認靈界的存在，更不願了解世間跟靈界有什麼關聯。

人們會常常思考「人生觀」和「人生目的」的問題，但是，在明確掌握「自己在大宇宙中的真正價值」之前，人生觀和人生目的是不可能真正確立的。

假使一個人相信唯物論者的主張：「人的生命是偶然出現於母親肚子裡，出生後活了六、七十年，死去後送到火葬場火化，人生就此告終。」那麼，事實上這個人就會在唯物主義人生觀之下渡過一生了。

相反地，宗教的立場則強調：「從實在界（編注：靈界）轉生到世間的靈魂生命，在幾十年的世間生活中修行。即使靈魂離開世間，回到實在世界之中，亦仍以提升心靈境界為目標而不斷努力。」如果認識到了這一真相，面對人生的思考方法也就自然與前者不同了。

若以學校教育來比喻人生，我們可以得到以下幾種不同的觀點。例如：從唯物論的見解來看，就會出現類似「小學六年級畢業後，義務教育就結束了」的觀點。這種思維方式，會將整個人生的可能性侷限於小學教育的範圍中。

然而如果從「靈界儼然存在，人的靈魂是輪迴轉生的生命」的觀點出發，就會有如下的認識：「小學畢業了還有國中，國中畢業後尚有高中，之後還有大學和研究所。從學校畢業後，進了社會還有各種的學習。」人生本身是一個連綿不斷的學習過程。

以上兩種不同的觀點，究竟哪一種，對人的進化和向上有益呢？結論是不言而喻的。抱持著以永遠的進化為目標的觀點，人就能夠向更高的境地躍進。

若認定人生只有一回，人的生命就像仙女棒煙火一般，只存活在短暫的期間內，怎可能於人生中發現重要的意義和目的呢！

就是因為認為人生短暫得有如仙女棒煙火，所以容易去追求各種世俗性的快樂、物質性的欲望，過放縱的生活，並且容易掉入個人主義的陷阱。認為人生只有短短幾十年，那麼，會有「若不盡情享受就是損失」的想法，也就不奇怪了。

但如果認為人生是永恆的，心中便會產生「對他人的奉獻，終究能回報到自己身上，變成自己心靈成長的營養食糧」的想法。

所以，在面對人生觀、人生目的和使命等問題時，能否理解靈界與世間之關係，就變得極為重要。若忽視了這個觀點，也就不可能真正認知「人生」或是「人」的存在意義了。

二、死後的世界

「靈界」，是人死後，靈魂離開了肉體、離開了世間之後前往的世界。那是一個怎樣的世界呢？

由於世人不知道死後世界的真相和實相，在面對死亡時會產生恐懼和不安，直說「不想死」。歸結起來說，這表現了對世間生活的執著。如果在現實中去問一百個人關於死亡的問題，可能有九十九個人會回答「不想死」。

人們之所以會這樣回答，不只是因為「生活在世間很舒適」這一個單純的理由。更深層的原因，是對死後的世界懷著很大的恐懼和不安，所以有「不想死」的念頭。

還有另一種人，世間對他們來說是苦海深淵，他們反倒超越了自己對死亡的恐懼和不安，自斷肉體生命，以逃脫苦海，前往靈界。

這兩種想法，皆來自於對靈界、死後世界的無知。由於世人對死後世界的研究尚未成熟，所以人們會產生困惑。

我認為，需要有人現身說法，明確地闡述死後的世界，克盡指引人們人生航向的使命。

航海時如果沒有航海圖，的確會使人不安。但如果有了正確的航海圖，明白地知道自己是從何處來，又將往何處去的話，那麼航海也就沒有什麼可怕的了。換言之，正確地理解了航向之後，就能夠安心地走上正確的航程。

接下來，我們來進一步探討「人的靈魂離開了肉體後，究竟會怎樣？」這個問題。

「人生不只是幾十年的肉體生命，人生貫穿了今世與來世」。我在許多拙作中曾討論過這個問題。

當世人在現實中面臨肉體死亡時，總是會想方設法去抵抗。病患總說「不想死」，醫生也是盡力地去延長病人的肉體生命。

但是，從心靈世界來看，這個人的守護靈、指導靈或者天使，會來到這位瀕死之人的身旁。也就是說，這些指導靈正在為引導此人前往死後的世界而做準備。

人的肉體生命停息後，他的靈體便要脫離出肉體。一開始，此人尚難有靈性自覺，會因為看到了另一個自己而驚奇不已。一個是躺在床上的自己，一個是自由自在的自己。

不久，他會發現，無論自己說什麼、比畫什麼，都得不到旁人的回應。接下來，還有更令他驚愕的發現：自己竟然能穿牆而過。

這個人還會覺得：「躺在床上的肉體才是自己。」於是便一直依偎在肉體旁，直到遺體被運到火葬場火化後，才受到巨大的衝擊。這時候，他看到自己的肉體被火化，會不知如何是好，而在火葬場周圍浮游徘徊，對於今後將何去何從毫無頭緒，徬徨不已。

這時，他的守護靈會前來向他解釋，說服他接受死後世界的事情。但是，生前不相信死後世界的人，是很難被說服的。對於這類人，守護靈要在世間做上幾十天的說服工作。

世人認為，人在往生後，會在世間逗留七天到四十九天，也就是俗稱的「頭七」或者「四十九天」。事實上，通常人死後二、三十天左右的時間裡，的確可以逗留在世間。死者的靈魂，在這期間會慢慢接受守護靈、指導靈的勸說，逐步堅定重返靈界的決心。

但是，有些人對世間會有過度的執著心，譬如，對小孩、父母、配偶或者是土地、建築、財產、公司、事業等有強烈的執念，這會讓此人徘徊於世間當中，成為世人所謂的幽靈。我們可以說，他們尚未覺醒到自身是靈性的存在。

三、肉體的記憶

絕大多數的人，在返回靈界時會受到很大的打擊，覺得很狼狽，接著才漸漸習慣靈界的生活。一開始，他們會察覺自己沒有肉體也能夠生活，並且很詫異自己

二、三十天不吃不喝竟也能照樣活著。

經過一段時間後，多數人會發現：「世上的人已經聽不到自己講話了。」醒覺到自身已返回到靈界時，就不會再執著於世間了。

當一個人成為無肉體的靈，會漸漸體驗到新的感覺。這種新鮮的感覺，也就是靈性的感覺。譬如，能夠在空中漂浮、穿牆而過、瞬間移動；又譬如說，心中掛念千里之遙的親戚、友人，想見一面的話，靈體就能在瞬間來到此人的面前。

這些新鮮的感覺，會逐漸變成平常事，就如同剛上小學時會有新鮮感，隨後自己就會開始探索自我與世界觀。

一般來說，世間生活的記憶會在這個過程中逐漸淡漠下來。但也有些靈不但對人世念念不忘，執念還與日俱增。也就是說，離世之後的靈出現了兩極分化，分成了兩種類型。

死後的靈，多半會在早逝的父母、親屬、友人以及守護靈的引導下，前往四次元世界的集合地，在那裡被要求反省這次轉生世間的人生旅程。

此時的反省，是以靈性的尺度為基準，觀察在自己的人生中究竟有何過錯。換言之，就是對以肉體為中心的生活方式，做徹底的自我反省。如果在這次轉生於三次元的過程中，未能對肉體為中心的生活方式有所覺悟，這個靈便會自己選擇前往四次元世界中的地獄界，去接受更嚴格的試煉。

此外，假使在這次轉生中沒有獲得靈性的覺悟，但如果認真地反省，不隱瞞錯誤，誠實地悔改，這些靈也可以進入四次元世界中和諧的精靈界。

綜上所述，往後的人生將在哪一個世界渡過，取決於前一世持有肉體時，自己抱持著哪一種人生態度。也就是說，我們並非接受閻王的制裁，而是每一個人以自己的良心、善心和佛性，對自己做出了裁斷。

人們之所以會在地獄修行，是由於此人自知修行不足，與守護靈商議後出於自願的決定。但也有許多地獄靈，因為在地獄中生活過久，受了太多苦，忘記了當初下地獄的決定中也包含自己的意志，而一味地怨聲載道，叫苦連天。

但是也有例外。有些兇殘的人死後別無選擇，直接落入地獄。因為這類人曾在世上橫行暴虐，對他人產生了嚴重的不良影響。譬如說，行惡不改的黑幫、流氓等，均屬於這一類。

四、天使的職責

當今，許多有學識的人，對天使的存在這件事都搖頭不信。即使是虔誠的基督徒，已經明白其中道理，也有人難以感受天使的存在。

基督教有「聖父、聖子和聖靈三位一體」之說。一般的基督徒，即使能在一定程度上理解「為父之神」和「神之子基督」的意思，但對「聖靈」是指什麼，就不十分清楚了。

或許有人會認為，所謂天使和惡魔，只不過是在《格林童話》這類童話故事中出現的角色，不可能在現實中出現。十之八、九的人聽到這種話題，恐怕多是付之一笑。

但是實際上，天使和惡魔不僅僅出現於童話中，無論是在古今東西，文明國家或是發展中國家，都有關於天使和惡魔的講法和記述。這是因為，天使和惡魔是實際存在的。

簡單來說，所謂「天使」，即是「高級靈」的總稱。「高級靈」也分有不同的階級和層次。天使、諸天善神，存在於六次元光明界中的上層階級以上之世界。此外，菩薩和如來境界的靈人，也被稱為天使。我將在後文對此做具體的說明。

不同的天使，有不同的任務。通常，靈格尚位於初階的天使，負責拯救剛離開世間的靈魂；與其說祂們在說法，不如說祂們更重視在現實中救濟人的心靈。

這些負責引導、教育剛離世的靈魂的天使，數量有幾億之多。

每個人生前的思想、信念或宗教都不盡相同，所以前來引導的天使也不同。基督教徒是由基督教系統的天使來引導，佛教信眾則多是由佛教系統的菩薩來引導。這個前來引導的靈，是以指導者容易接受和相信的姿態出現的。

「天使」絕不僅僅是靈界中的靈人，眾多天使為了達到「自身的靈魂修行」和「淨化人間」的目的，以數百年到一千年為一個週期，不斷地轉生到世間。並且，祂們轉生的目的之一，也可以說是為了讓自己不至於忘記了肉體人的感覺。

若天使在靈界生活過久的話，容易變得無法理解人的思想和心理。為了成為更好的教育者，天使有必要親身體驗世間的生活。當天使具備了世間生活的經驗，便能做到對機說法和引導眾人了。

剛離開世間、進入靈界的靈魂，首先會實際感受到天使的存在。一開始，他會看到耀眼的光迎面而來。如果生前是基督徒，那麼前來迎接的便多是有翅膀的天使。若生前是佛教信眾，便會有僧侶前來迎接。日本神道系統的人，則有可能見到像神主（編注：主持神道宗教儀式的人）一樣的光。

無論天使以怎樣的形態出現，都是放射著光輝，有耀眼的後光。即使是生前從未相信過佛神的人，在高級靈的面前也自然會合掌，誠心地接受佛神之光。因為每個人皆有相信高級靈、佛神存在的本能。

五、新的起點

離開了世間的人，在天使的引導下有了靈性覺悟後，便能夠走上新的旅程了。這個新的旅程，對於仍帶著世間肉體人感覺的靈人來說，是個嶄新的世界。另一方面，某些靈魂在轉生世間時，也會遇到未曾體驗過的新感受。無論是高級靈，還是未發達、尚需要努力進化的靈，在母體懷胎、出生後，都同樣要從零開始，經受新的磨練。

人離開世間，進入靈界的新旅程，意味著在世間幾十年的生活已結束，此人已從人間學校畢業，考入了新的學校，讀新的教材，聽新的課程，走新的道路。進入了四次元世界的靈人，首先要徹底地接受「何謂靈性存在」的教育。

在聽到天使，以及比自己早逝的親屬、友人之靈對自己的說服之後，便會產生自覺。對每個人來說，這是對今後將進入的靈界生活的一大指標。

然而，很多人在道理上還可以理解，但等到處於不同的環境中時，便忘記了什麼是真理，於是乎，就需要有靈人來做引導和教育。

有些人在進入靈界時，需要從地獄界重新出發。但世間之人應該明白：「靈界的結構並非單純是地獄和天國兩分的世界。」這是靈性知識最基本的概念。

如將地上世界比做是三次元，便可發現地獄不過是四次元到九次元、十次元等更高層的世界當中的一小部分。具體來說，地獄只是四次元世界中一個惡性意念的巢穴，完全無法與天國整體相比。

例如，世間雖然有許多不同的種族，但絕不會有「病人」種族。在正常情況下，病人只會占一定的比例，社會為了治癒這些病人，而設立了醫院。同樣地，在靈界，也同樣有患了心病的靈人，他們需要在地獄做嚴格的修行。

總之，在心、精神上患有病症的靈人之所以會落入地獄，自然有其在地獄經受試煉的理由。

我們可以教導健康的人駕駛汽車、騎腳踏車、跑跳等運動方法，但是這些動作對病人而言難度太高了，病人首先要學習的，是類似如何撐拐杖這樣的基本訓練。

進入了四次元精靈界的人，會看到在人間不曾見過的不可思議靈性能量。譬如，有傳說中的水怪、龍和精靈等等。

靈人在「耳目一新」的世界中，會逐步加深對這些新感覺的認識。

六、靈的本質

本節將探討什麼是「靈的本質」。

脫離了肉體的靈，最初對靈的本質很難有自覺。譬如，死後的靈在三次元世間附近徘徊時，會發現生前可以用手拿到的東西，現在想抓也抓不到了。多數的靈對這樣的事實，會感到難以置信。

雖說徘徊的靈尚未察覺到自己已成為了靈，但畢竟是來到了非人間的世界，漸漸地就會認為這些現象是理所當然的。回到了靈界後，透過反省和自我評價，最後決定出自己究竟應該去天國還是地獄。

決定前往天國或地獄的基準，在於是否能認知到自身的真實價值與本質。這個基準，能夠讓每個靈決定自己的去處。

即使是不相信靈界的人，也或多或少透過各種漫畫、傳說和小說等，在一定程度上對靈界有所瞭解，只是在真實度上還沒有足夠的認識而已。

到底什麼樣的生活方式能使人向更高的境界進化？又是怎樣的生活方式會使人落入地獄？對此問題，至今幾乎沒有明確、易懂的教義。此外，即使是相信有靈界的人，若讓其從靈性的觀點來觀察，也難以分清自己的生活方式到底是屬於天國的，還是屬於地獄的。

對於這個問題，世人有一種最簡單的思考方法。這就是參照所謂的戒律來決定「有罪」或「無罪」，由此得出「犯下罪孽多者下地獄，罪孽少者上天國」的結論。

這是自古流傳下來的思考方法。在近幾千年的人類史中，無論是哪個國家或民族，都有這種想法。例如著名的「摩西十誡」，或是更早的美索布達米亞（Mesopotamia）文明時期的《漢摩拉比法典》（Code of Hammurabi）等。

現代社會，建立起了法律制度。但追究法律的根源，畢竟還是來自諸光明指導靈所傳達的法。只是，人們不可能簡明地說明這個真理，所以才以戒律等形式來教育民眾。換言之，戒律是明確的是非行為規範。

於是，對大多數人，包括相信靈界的人在內而言，若具有「檢查自己是否有違反戒律的行為」這樣的觀點，天國和地獄也就比較容易理解了。

單從「區別事物的善惡之難易度」上來講，以戒律的形式來判斷，人們是比較容易理解。例如「不殺生」這樣典型的戒律，意味著「殺人者下地獄，不殺人者可升天」。還有「不偷盜」，意味著「偷盜者下地獄，守此戒者可升天」，這種二分法式的思考方法。

當然，不能一概而論地說這樣的方法很幼稚，因為其中也確實包含著真理之光。

但是，我們必須明白，戒律並不是真正區分天國與地獄的基準。

因此結論是，上了天國的靈，畢竟是在世間六、七十年的人生中，醒悟到了自身是佛子的靈性本質。人越能發揮這個本性（佛性），就越能向更高的精神世界進化。相反，下了地獄的靈的共同特性，就是都沒有覺醒到自身具有佛性，是在這種「無明」狀態下離開世間的，所以要在地獄界接受嚴酷的試煉。這，就是心靈的實相。

七、未知的世界

即使是個對靈界有一定程度瞭解的人，當他親眼見到真實的地獄時，也會受到很大的衝擊。

在各地的傳說中，有各式各樣地獄的描述，例如地獄裡有奇形怪狀的鬼面靈人，或是舞刀弄棍殺氣騰騰的惡魔。如果這樣的場景真實地呈現在面前，誰都會驚恐不已。

在色情地獄中，有許多靈人在血池裡痛苦地翻滾著。

在餓鬼地獄中，有許多瘦到皮包骨的死相靈人，在痛苦地呻吟：「想吃啊！想吃啊！」要求別人施捨。

畜生道地獄中，有書中描繪的人非人，獸非獸的人頭獸身的靈，也有像大蛇一樣盤踞在地獄地面的靈。

這些在痛苦中的靈，不知為什麼自己會變成如此慘狀，因為他們沒有認識到自己的靈性本質。靈界是一個動念即成現實的世界。

他們在生前不知「心中所想的，在心的世界中即已實現」的道理，所以認為「反正外界看不到自己的內心在想什麼，所以自己在內心如何思考也無所謂」。

這些在持肉體時，有著厚顏無恥的心態的人，當他們回到靈界後，發現自己無法再掩飾心中的醜態時，將會感到驚愕不已。

如果在地上世界生活時，一懷有嫉恨心就會立刻變成蛇的模樣的話，人們也就容易察覺到自己有何過失了。然而在三次元法則中沒有這樣的現象，所以生前不容易認識到自己的過錯。

在靈界，心念即現實。如果心中總為如何追求異性而煩惱的話，這個人在死後就會落入色情地獄繼續追求異性。如果生前像狐狸那樣狡猾行騙，到了靈界也會是一副狡猾的狐狸像。如果像蛇那樣總是對他人嫉恨在心，在靈界中就是一副蛇態或變成其他各種獸形。

這些變成了動物靈的靈人為了逃離地獄、逃脫地獄之苦，會暫時附身在世上生活的人身上。

他們不是附身在毫無關係的人身上，而是會附在那些有地獄性心念的人的身上。世人的心念和思緒可以千變萬化，當形成了地獄性的心境時，就自然會招來地獄靈附身。

在心中出現了色情地獄念頭的人會招來色情地獄靈；在心中形成了動物地獄畜生道的人會招來動物靈；在心中形成了無間地獄的人、有思想、宗教性的心病、對眾人做過錯誤指導的人，會招來在無間地獄中的偽善思想家、宗教家的地獄靈。

歸根究柢，地獄存在於心念的世界中。之所以會有地獄靈前來附身，正是因為在地上世界生活的人，心中有地獄界的存在，所以地獄靈能夠潛入人心。人們應該認清這個靈界構造的奧妙。

八、永恆的生命

在地獄界經受著痛苦的靈，都有一個固定的台詞：「與其忍受這副醜態的折磨，不如殺了我痛快！」

這些地獄靈，總是咒罵和誹謗佛神，惡言惡語無止無盡。有的地獄靈會說：「讓我像蛇一樣活著不如殺了我」、「讓我在色情地獄的血海中掙扎，不如痛快地殺了我更好」等等。

落入無間地獄、彷彿被關在漆黑洞穴中的地獄靈會說：「既然今後的路極為痛苦，不如自我了斷！」

我曾經透過靈視，看過許多在生前被稱為大宗教家的人，落入了無間地獄。他們在黑暗深淵的沼澤裡經受著痛苦，其中有許多人甚至是至今已傳了兩、三代的宗教團體的教祖。

他們不明白自己為什麼要承受這般痛苦，逕自認為：「我指導過幾十、幾百萬的民眾，為什麼自己卻落入地獄中」，覺得非常不滿。還會說：「與其受苦，不如了斷。」他們這樣說，是因為不知道自己會有怎樣的將來，也不知道自己要在這漆黑的世界裡痛苦多久。

靈魂生命是永遠延續的，是永恆的生命。永恆的生命對於過著和諧的生活、懷著美麗的心靈、死後能返還天國的人來說，是無上福音。因為，在美好的世界中，能夠達到生命的完滿。

可是，對地獄靈來說，永恆的生命本身卻是一種懲罰。地獄靈想透過痛快地結束生命，來逃脫地獄之苦。但是生命不會結束，生命本身就是對地獄靈的懲罰。

如果人們都能夠認識這個心靈世界的實相，就可以明白在世間生活時，持惡念和做惡事，其實在結果上是對己不利的。

如果不相信生命是永恆的，認為在世間的生活就是整個生命期的話，那麼自然就會放任自己，甚至不惜傷害他人以為己謀利。然而事與願違，這樣做的結果，換來的是地獄的痛苦。若早明白這個事實，知道這樣做會使永恆的生命變成永遠的痛苦的話，就至少能看清這對自己是不划算的了。

從另一方面來講，如果知道生前行善能夠累積在靈界的福份，可以保證在靈界過幸福生活的話，那麼任何人都會想：「自己為何不多在世間做些好事呢？」

在世間做一件好事，相當於在靈界做十件好事。在世間修行是很艱難的一件事，因為靈魂要在被「矇上眼睛」的狀態下修行。所以在世間中像盲人一樣試圖去摸索，活出天國境界的生活，比在靈界修行有著五至十倍的價值。

在世間的數十年間，活出天國一樣幸福生活的人，回到靈界後能獲得十倍左右的回報。也就是說，世間的修行具有極高的價值。

相反，如果認為在世間行惡無所謂，這些惡行、惡念在靈界會變成五至十倍的懲罰，這個事實不容忽視。

如果真正關心自己，就不會為了受表揚而行善、不會為了不受懲罰才不行惡，而是會自覺地杜絕惡事、惡念而專行善事、善念。認識了真正的人生觀和世界觀之後，便會自然地走向正路了。沒有人會選擇做對自己不利的事。

落入地獄的人，應該更不願做對自己不利的事，但地獄靈沒有認識到自己的所作所為是對己不利的。應該讓他們早日建立起真實的世界觀。

九、過去世的記憶

上文對天國和地獄的實相，做了多方面的論述，不過對回到四次元世界的靈而言，最令他們驚訝的，是能夠回想起過去世的記憶。對這些靈來說，這個體驗既驚又喜。

一個人出生，從上幼稚園、小學、國中、高中到上大學，隨後成年、老去，在這段期間累積不少人生經驗。可是從靈界的觀點來看，真正的人生經驗並非如此短暫。

在人的心靈中，銘刻著千、萬、億年悠久歷史的記憶。當每個靈魂回到靈界，這種記憶便會甦醒，並且再次認識到自己從悠久以前開始，就是作為人而修行至今。

然而，在地獄中的地獄靈很難回憶起自身的過去。因為地獄是個非常嚴酷的世界，眼前的痛苦使地獄靈沒有餘力回顧自己的過去。

這好比是要一個牙痛得要命的人，立即去回顧、反省自己的過去一樣，不是一件簡單的事。雖然，讓在痛苦中掙扎的地獄靈，回憶起自己的過去世是可能的，但事實上很難。

反之，回到天國的人們，便能輕易回憶起過去世的記憶。

不過，靈與靈之間有著能力程度的差別。如果是平凡之人，最多能回想起前兩、三世的事情，並且感覺到這個記憶既遙遠又模糊。

而高層次進化了的靈，便會有比較明確的記憶。菩薩能回想起幾萬年前的記憶，如來則能記憶起幾十萬或幾百萬年前的過去世。

九次元大如來能回想起天地創造的悠久歷史，能一件一件清晰地回憶起自身在悠久的遠古的誕生、地球的誕生、人類的進化過程等。

不同的靈，對過去世進行回想的範圍就會不同。

這就好像攀登瞭望台一樣，攀得越高就能看得更遠，站在低處也就只能看見眼前的景色。相同道理，地獄界漆黑得像地下室一樣，什麼也看不清。

所以，既有能回想起前世的人，有能回顧起自身有過幾次轉生的人，也有在自己的靈魂記憶中保持著幾十、幾百代轉生記憶的人。其實這隱含著相當神祕的色彩，靈性的自覺越豐富，就越能夠真正地看清過去、現在和將來。

十、進化之道

至此，我們從多方面闡述了靈魂離開三次元世間之後，來到靈界四次元時所見的靈性生活情形。也許會有不少人對此存疑：「這種靈界構造的依據何在？」、「天國和地獄存在的理由是什麼？」、「難道在世間就沒有更好的心靈教育了嗎？」、「既然有靈魂生命，為何還有持肉體生活的必要呢？不管在世間還是靈界，都以靈體的姿態出現不是更好嗎？」等等。

靈魂脫離肉體時，好比是蟬脫殼羽化一般。蟬的幼蟲在地下沉睡了數年之久，才爬上樹幹，最後脫殼，飛向天空。又比如在枝葉上蠕動的醜陋毛蟲，不知何時變成了蛹，接著竟蛻變成五彩繽紛的蝴蝶。這些變化的現象，實際上是佛為了讓人認識輪迴轉生，才創造出來的。人類能夠從改變姿態的過程中獲得進化。

毛毛蟲變成蝴蝶如此神祕的過程，誰也無法否定是佛所創造的。醜陋的毛毛蟲扭著身體爬行、啃食樹葉，最後在某一天羽化變成了花枝招展的蝴蝶，在空中翩翩飛舞。這蝴蝶飛舞的姿態，暗示了人類的靈性進化。

佛為什麼要創造出這些多姿多彩的形態呢？我們可以說，這些都是佛慈悲的體現。由於蝴蝶的前身曾有過在地上爬行的不自由，飛翔在天空時才會顯得美好、舒展。佛透過形形色色的事物變化，向人們做著某種心靈啟示。

在靈魂轉生的過程中，雖然不會有人想去做蝴蝶，而自願放棄做人的機會，但從在天空自由飛翔的蝴蝶舞姿中，有著做人難以品味到的幸福感。這是佛賜予蝴蝶的幸福和慈悲。

與此相同，寄宿在不自由的肉體之中的靈魂，最終要脫體還原，成為原來的靈魂之姿。那時，就會加倍地感受到自身存在的真正價值了。

在世間生活中，要忠實地實現自己的想法是很難的，因此，人很容易焦躁，感到疲勞和無力。但靈界卻是「心念即現實」的世界，體會到了這份幸福的靈人，自然能體會到這遠比世間生活更加美好。

在佛創造的靈界與世間之結構中，有靈魂進化的光明道。如果沒有經過「脫皮」的磨練，沒有透過向著更高層次努力的過程，就不可能獲得真實的幸福感。

所謂靈性，即具有與佛相同的本質。而且每個人都能夠經由自身的感受，體會到這個本質的存在。這種體驗即幸福，所有的人都生活在這幸福之中。

即使有些靈魂曾經受了一、二百年的地獄之苦，但如果將眼光放遠，就能夠明白這也是對自身靈魂進化的磨練過程，置身於自身最顯著的缺點中，做徹底的反省。若以貫穿靈魂進化的過程這觀點來看待人生，接受地獄試煉的靈，本性也並非邪惡，他們也同樣是在進步的旅程上。

然而，這不是說我們可以忽視地獄的存在。地獄生活非常痛苦，想要讓地獄靈盡早脫離痛苦，就應該指導他們認識自身的錯誤，使他們走向正確的道路。這是正確的方法，也與佛心相應。

有些地獄靈需要他人伸出援手，再加上自己的努力，才有辦法脫出地獄。但也有些地獄靈僅靠自身覺悟，便能夠改過自新。有時會感覺有一些靈退步了，但以長遠的角度來觀察，就會發現每個靈魂最終都是向著佛的境界進化。這是無庸置疑的事實。

五次元世界

第二章

一、善人的世界

前一章，我們從多方面闡述了人的靈魂在離開了肉體後，步入靈界初期所面臨的情形。第二章則將描述四次元世界之上的五次元世界。

在當代物理學領域中，已逐步開始理解到「人類所生存的三次元世界，存在於四次元、五次元、六次元、七次元、八次元、九次元等多重次元構造之中」。三次元世界被包容於四次元世界中、四次元世界被包容於五次元世界中、五次元世界亦被更高次元囊括。這好似洋蔥一樣的多層次宇宙的結構，為我們提示出了一個高次元囊括低次元的世界觀。

如果每個人都能靈魂脫體、魂遊靈界的話，這個事實也就明白易懂了。四次元靈人並非存在於和三次元世界截然不同的世界中。四次元和三次元世界彼此共存於大宇宙之中，且四次元對三次元世界有著各種影響。在四次元世界之上還有五次元世界。

宇宙中存在著一個有趣的法則，那就是，高次元靈人能夠影響低次元靈人，而低次元靈人無法影響高次元。五次元的靈人能自由出入四次元世界，透過各種方法指導四次元的靈人。但四次元靈人除了特殊情況外，原則上無法前往五次元世界。

單從理論上來看，也許不太容易領會，親身進入靈界時便一目瞭然。靈界中存在著靈性層次。不僅佛教這樣講，在神祕學、神智學和古籍中也均有記載。這說明了「世界」不僅僅是「世間」和「靈界」兩個單純的部分所組成的，靈界中也有各種層級。並且不僅是平面的區隔，在空間上也有上下之分。

歐洲的近代著名通靈者斯維登堡（Swedenborg），曾在其靈界探險記中如此描寫：「向上望去，像是有一層看不見的透明薄膜籠罩在天上，而且在上面似乎還有更高層的世界」。當然，在現實中不會有如此的視覺，但實際上整個宇宙存在著這樣的靈層。

以下，讓我們來看四次元居民，與五次元居民到底有什麼不同。

四次元世界還只是靈界的第一個階段，這裡的居民也只相當於一年級學生。他們對靈與肉體、魂與物質之關係等等的問題，尚未有充分的認識。四次元居民容易將肉體生活感覺與靈界生活感覺混淆，並在這樣的狀態中生活。

四次元的靈人同樣能夠進化。快者只用幾天或幾年，慢者則需要幾十年甚或幾百年的時間。進化了的靈可以在天使、守護靈或指導靈的引導下進入五次元世界。

概括來說，五次元世界是個「盡善的世界」，是善人的世界。

五次元世界中沒有惡。聚集在這個世界中的靈人，均把「善」作為心的指標。五次元居民的靈魂傾向是棄惡揚善，並且能夠在一定程度上理解到「善」是佛神對諸靈的期待；這就是五次元世界。

二、精神性的覺醒

五次元世界的善，並非單純指善惡觀的善，而是指對佛性的覺醒之善。明確地講，這裡的居民均有精神上的覺悟。

在三次元世間，精神與物質共存，所以人們生活在如此環境中，常常容易這樣考慮：「怎樣做工作才能有飯吃？怎樣做事才能賺到工資？需要買哪些生活用品？哪些沒用的東西需要清理？」等問題。

雖然生活在以物質為中心的世界裡，但如果某人能在平日的晚上或者是假日，試圖去追求精神的食糧，世人就會認為此人很優秀。

當然，有不少人在現實中感覺不到這種精神性的喜悅，寧願沉溺在吃喝嫖賭等享樂之中。但是絕大部分的人，因感覺不到心靈的喜悅，便透過閱讀、欣賞音樂、繪畫等活動，以減少某種精神性的鄉愁。實際上，這是一種對「本來的世界」的鄉愁。

五次元世界被稱之為「善人界」，或者是「精神界」。因為來到五次元世界的人，都是具有精神性覺醒的人。五次元的居民對自身是靈性存在，有著相當鮮明的自覺。

另一方面，四次元世界統稱為「幽界」。位於幽界的居民，在靈性覺悟上雖有程度之別，但共同點是尚無法完全透徹理解靈性的本質，也尚未認識生命存在的靈魂實相，也不知「求善」之意願來自於靈魂的本質。

然而，來到五次元善人界的人，都能夠認識人的靈性本質，並知道在任何人的心中都存在著某種「求善」的意願。此外，人們對佛神的信仰雖然尚不十分明確，但每個人對佛神都有信仰心。雖然，他們的信仰對象有信佛或信神等差異，但每個善人界的靈，均在某種善良的宗教信仰心之下生活。並且，他們能夠感受到佛神之臨在，為佛神而活。

雖說五次元善人界位於靈界，但那裡也有類似世間的各種職業。有許多不同職業的能工巧匠，整日忙碌著。與世間不同之處是，他們是為了滿足別人的需求而工作。

五次元善人界的人的工作中，雖然有許多跟世間工作很相似，但他們工作的目的已不是為了賺錢，而是為了從中體會佛神的喜悅心，進而感受自身靈魂的喜悅。

三、心靈的喜悅

來到四次元幽界的靈，首先會有「靈魂的震驚」的新鮮感，體會到靈體遠比肉體自由，但還不能充分品味到「靈魂的喜悅」。不過在五次元善人界則能進一步獲得靈魂的喜悅感。

由於在四次元幽界中的生活，還不能明確地分清世間與靈界的區別，所以居住在這裡的靈，還留有肉體和穿著等感覺，尚屬「幽體狀態」。然而，到達五次元的靈，則已拋棄了這些執念意識，靈魂本身也隨之漸漸變得更「精妙」。

這就是說，五次元存在的魂性傾向比四次元存在較為鮮明。靈魂本身即是人的意識體，五次元世界的靈魂，在拋棄了肉體人的意識之後，便能初步體會到靈魂的喜悅。

這「喜悅」是指什麼？靈魂又能夠感受到何種程度的喜悅？大致上來說，我們可以將心靈感受到喜悅的時刻分為兩種。

第一，是感覺到自己成長時，心靈會喜悅。

那麼，何時會感受到自己有所成長呢？那就是發現到自己是「善者」之時。當你感覺到自己對他人有幫助，發現自己是有用之人時，心靈便會喜悅。

世間的人也是一樣。如果聽到別人對你說：「多虧你的幫助，才會有今天的我」、「托您的福，才使我有了進步」等，確認自己對他人做了有益的事時，內心就自然感到喜樂。靈魂在確認到自己是有價值的存在時，這個進步感就能成為心靈的喜悅。

把目光專注在自己身上，視野會變得狹窄。然而，一旦感覺到自己能給他人增添喜悅，就表示自己的生活已超越了個人範圍，自己過的是「無私的人生方式」，也說明了自己的視野在擴大、人生在進步。

由此可見，第一個心靈喜悅的時刻，是確認到「心善的自己為他人增添了喜悅」的時刻。

第二個靈魂喜悅的時刻，則是獲得新知識之時。第一是有益於他人，第二是有了新知。

請注意，這個「新知識」，不是指在學校考試等方面的學識，而是指「對佛創造的世界有了新的發現」。當人有了這種發現時，心靈便會喜悅。

靈魂具有多種性質、能力和力量，但五次元的諸善人尚不能徹底認識靈魂具有的一切。譬如，在靈界生活時，不需要透過飲食來補充生命的能量，但在五次元世界中，仍然會有一些靈人要透過「吃」來體會人生的樂趣，或者去做一些與生前的工作近似的事，來感受人生的意義。

在五次元世界生活，最終必能領悟到：「原本的生活方式未必正確，原來不飲不食也能夠體會到真正的喜悅。」

為了幫助各位理解，我再進一步比喻。譬如，拿馬鈴薯來說，在五次元世界看到的馬鈴薯，和在世間看到的馬鈴薯不同；它不是物質，而只是己心當中的一種靈性的印象。因此，心的狀態越富有，就越能豐收。

在農業上，有許多經科學改良的種植方法，但在靈界就未必需要這些栽種法了。只要誠心誠意地栽培，就能獲得好的果實。

五次元的生活能使靈魂逐步認識靈界的構造，認識到「心念即成世界」的靈性本質。這種「認識」，即心靈的第二個喜悅瞬間。

四、光流

如上所述，心靈在兩種時刻會感受到喜悅。第一是感覺到自己對他人做了有益之事時。第二是獲得了靈性知識之時。接下來，我將深入講解靈性知識。

雖說居於四次元幽界的諸靈，尚未能充分理解靈魂是「佛光的分光」這項本質，但五次元善人界的諸靈對此會漸漸覺醒，認識到光的存在有強有弱，並體會到佛光是流動的能量實體，與燈光、燭光不同。

五次元善人界的諸靈，能認識到光的根源發自何處，並發現高空有一輪太陽。此為「靈太陽」，與在三次元世界所見的太陽不同。

三次元世界的太陽為地球供給熱能，而靈太陽，是太陽的靈性生命體。這就像是肉體中存在著靈魂一樣，物理的地球中也蘊含著一個偉大的「地球意識」，同樣，物理的太陽亦有一個偉大的靈體。

在放射著物質性光線的太陽內部，有一個放射著靈性之光的巨大靈體。靈界的靈太陽，實際上就是供給地上世界溫暖的太陽的靈體。太陽不僅給予地上世界熱能，在靈界也同樣照射著靈界，供給著靈性的能量。而地球作為太陽系當中的一員，也接收那來自掌管太陽系的巨大靈性意識的能量，才能遂行自身的使命。

存在於太陽當中的能量體，即是太陽系當中的恆星意識。在十一次元的恆星意識中，存在著太陽系意識靈。

而這太陽系意識靈，透過地球十次元的三個行星意識，意即「大日意識」、「月意識」、「地球意識」，向地球傾注著七色之光。（編注：根據《太陽之法》〔華滋出版〕所述，「大日意識」是統括人類和所有地球生物的積極意志、陽性的主宰；「月意識」是統管著消極、優美、陰性的一面；「地球意識」是地球生命體的意識，統管地球上的天地創造。約四十六億年的地球歷史是在這三個意識體的作用下而展開。）

隨之，地球系九次元的十位大靈，進一步將這靈太陽的能量做各種分光，將諸光流灑向世間和靈界。（編注：分光是指，地球系的十位大靈各有「專長」，將七色之光分門別類地灑向各個地方的意思。）

雖然五次元善人界的靈人還不能充分認識這一實相，但已能夠明白靈界的太陽與地上世界的太陽一樣，供給著生命的能源和力量，並能夠認識到自己是接受了靈太陽的能量，才得以生存，才能產生出生命的活力。

五次元世界的居民，從不忘記靈太陽之恩，諸靈常面向靈太陽祈禱，並且在這感謝之心的基礎上，建立了對佛神樸實的信仰。

五、愛的感情

此外，五次元世界還具有一個特徵，即靈魂能夠萌發出「愛」的感情。在世間中有男女之間的愛、親子之間的愛、朋友之間的愛和師徒之間的愛等等，但相較之下，五次元善人界之愛，比世間要純潔得多。

以世間的理論，很難對「愛」做出具體的說明；但在靈界，愛是非常鮮明的實體。如果愛著他人，這個愛的波動便能直接傳達給對方。隨之，對方在感到了這份強烈的愛之後，高興的心情之體現便是心靈的喜悅。

而在世間生活中，愛的感情就不是那麼明確。有人會為對方是否真的在愛自己而煩惱萬分。男女之間經常會有這種不明確的「情網」，看不清對方是否在愛自己。不管事實如何，即使對方在愛著自己，也會胡思亂想，推測對方沒有給自己一份特殊的愛，最後反倒得出了悲觀的結論。

然而，五次元善人界對愛有一個衡量的指標，很容易判斷自己是否被他人所愛，自己的感情也可以直接傳達給對方。

譬如說，在一個十坪的房子中點上日光燈或電燈泡，這差別是一目瞭然的。又譬如，電燈泡也有六十瓦、一百瓦、二百瓦的差別，一開燈便知其差異。相同地，五次元中的愛的感情，一下子就能明瞭。

五次元善人界是「以心傳心」的世界，是心念能夠如實傳達的世界，這也正是地獄靈無法進入五次元善人界的理由所在。

地獄靈的心裡充滿了憎恨、嫉妒、牢騷、憤怒和貪欲，若這樣的意念毫無掩飾地傳達給對方，這裡就絕不是天國了。

五次元善人界的所有居民都懷有愛的感情，雖說在量上有多與少、高與低的差別，但每個靈都放射著愛之能量。

掌握了愛的實感，就能夠接受六次元以上靈人的指導，進一步理解愛的本質。五次元世界的教育課程主要內容是：「愛像一股電流，能夠溫暖心懷，這個愛的喜悅，實際上就是佛心的體現。」

雖然五次元之靈還沒有明確地認知「何謂佛」，但卻能夠感受到佛的真實存在。在此，高級靈會對五次元的靈諄諄教導：「你一定能感受到這份愛，它的根源來自高次元靈界的靈太陽。這個靈太陽，無償地供給著熱能，供給著生命之能。這無償的愛就是慈悲，就是佛神的體現。」、「相互地施愛吧！愛的波動能夠打動心胸，激起內心的喜悅。這份喜悅，說明每個靈魂均具有佛性，說明每個生命都生存於佛的生命體之中。」

但這些內容還只是關於「愛」的初級教育，還體會不到像菩薩界那樣向他人施予的喜悅。五次元世界只是建立起了「何謂愛」、「愛的感受是什麼」、「何謂施愛」等基礎感情。

透過學習，認識到了「愛如何美好」之後，便能逐步明白：「愛不是建立在自我保存和利己主義之上。」

六、悲哀和痛苦

自古，世間便有「天國永遠是樂園，沒有悲哀和痛苦」的看法。然而，在除了地獄以外的四次元世界和五次元世界中，悲哀和痛苦是否真的消失了呢？

一般人通常認為：「悲哀和痛苦是地獄特有的，於天國不存在。」那麼，是否可以有這樣的疑問：「人會流淚、哭泣，是佛未曾預計的表現嗎？或者說，天國的人只會笑不會哭呢？」我們首先從這方面開始探討。

不能否認的是，喜怒哀樂是人的基本感情表現。雖說喜悅的反面是悲哀，但有了悲哀就能說沒有喜悅嗎？然而，這樣的反證還解決不了問題。

自古以來，世人就在一元論與二元論之間爭論不休。若以一元論的立場來看，就會有人說：「惡之為物，乃因無善」、「寒冷是不存在的，那只不過是沒有溫暖的結果」。美國光明思想家愛默生（Ralph Waldo Emerson, 1803-1882）就是這麼認為。

的確，這種理論從某一方面來看有其道理。寒冷是由於沒有溫暖，惡是由於沒有善。但是，光憑這個道理還解釋不了許多問題。

譬如說：悲哀往往會伴隨著淚水，但如果說流淚一定是因為「沒有喜悅」，那倒未必。淚水不會只因為沒有喜悅而流下來。所以，各位必須認識到「悲傷」還是存在的。

我們可以一同來思考，在快樂的反面有無痛苦的情緒呢？能說快樂是一種實在，而痛苦不是實在嗎？是否在沒有快樂的地方就是痛苦呢？說到底，不可能沒有痛苦。譬如，在汗流浹背地打了一、兩個小時的網球，能獲得一種輕鬆爽快的感覺。但在此之前畢竟在事實上有過流汗的現象，後來的爽快感可說是先前肉體疲勞疲痛對照之下的結果。

如此來看，就不能不說在世間和靈魂世界中有二元性的存在。極致的佛是光一元、善一元、愛一元的存在沒錯，但佛在創造三次元地上世界，和四、五次元等下層靈界時，是以靈魂的進步和向上為主要著眼點的。

靈魂的進步和向上，多存在於相對性的世界之中。如果沒有相互切磋和磨練等過程的話，進步將會變得十分困難。而在一元論的世界中，在只有喜悅的世界中，看上去雖似完美，但從某種意義上來講，也可以說它是缺少磨練機會的世界。

因此，佛透過這種善巧方便，賜予世間和下層靈界的人們所能感受到的悲哀和痛苦。

例如，即使是五次元善人界的靈人，在「自我實現」的過程中，也會感到一定的困難。五次元的靈人與世間人同樣在祈禱，但最終也同樣會有如願以償或不能如願的結果。五次元的靈人很難認識到自己祈禱的內容是否正當，於是就需要由上層靈人來判斷其祈禱的內容是否應該如願。

當五次元靈人的祈禱、心願未能實現時，也會感到某種程度的悲哀和痛苦。透過這樣的試煉，其靈魂能變得更加堅強。

七、靈魂的食糧

有些人會這樣想：「悲哀和痛苦是迷惑，本來無悲，本來無苦；迷惑以悲哀和痛苦的樣貌出現，不是實在。」對此，我想提出異議。

「根本佛」所以為根本佛，是因為「根本佛」是一個不再需要進步和發展的至高無上的存在。「根本佛」是完美無缺、自然至愛和至福的存在。亦即，盡善盡美、無上的真理。因此「根本佛」之存在沒有進步、發展，也沒有喜悅。

根本佛以建造庭院的心情創造了大宇宙。根本佛像是在造景一般，將假山放置在庭園中，挖池養魚和種植果樹，有時讓它結果，又有時讓它長出一些雜草。

從人的觀點來看，一些不完美的事物，實際上只不過是根本佛在建一處景觀時，醞釀出的情緒而已。有雜草又有何妨，樹有高低，有山丘也有低窪，這些形形色色構成了根本佛的庭院景觀，根本佛從中尋求樂趣。

雖不能說悲哀和痛苦是實在，但它在一定制約下得到了存在的許可。這是事實。

上面已談到，沒有喜悅不一定就等於是在悲哀。光是沒有喜悅，淚水不會因此流下來。淚水有時也會因悲哀的積極作用而流下，當快樂消失時，痛苦也不一定立即就會到來。在痛苦的原因中也會有其積極的一面。

如此，悲哀和痛苦的存在原因，就在於它們的存在本身不被認為是好的。因此悲哀和痛苦在世間和靈界的四、五次元世界中，有時能夠發揮大跳躍的階梯作用。這也是事實。

在自己的想法難以實現時，容易產生悲哀和痛苦的心情。事與願違、希望落空時，也會悲傷流淚。

但是這淚水、汗水，絕不是為了落淚而落淚，不是為了流汗而流汗。這是進步向上的召喚，是清爽感之前的汗水。

於是，我們就可以得出如此結論：「雖然有痛苦和悲傷，但痛苦和悲傷是讓我們更加向上進取的試煉。」

玉在石頭當中會更顯光亮，相互磨練才能夠促進成長。

雖有悲傷和痛苦，但不會永遠持續，只有作為心靈的食糧時，它們才有存在的價值。悲傷、痛苦之後，終究人還是會向著喜悅、快樂的境界，向著常樂、溫暖的世界前進。

「苦惱只有在能夠成為心靈的食糧時，才有其存在的價值」，這是有益的思考方法。

八、光明者

以上講述了悲哀和痛苦是心靈成長的食糧。接下來我們來探討它們產生的影響。

我們常聽到這樣的說法：「當人沉到了悲哀的深淵時，勇敢地打破底層，此時會放射出一道光明來。」有些人也許會想：「光不都是從上照下來的嗎？怎麼能從底層的縫隙中照射出來呢？」

莎士比亞寫過許多悲劇，實際上他是在透過悲劇向世人提示，在超越了悲劇的底層時，能夠發現人性的本質，以及在本質背後所潛藏的光明。

只有歡笑、快樂的劇碼，還不足以促使人類進步。悲劇在某種意義上，有時是一條走向光明的捷徑。

世上有許多人怨嘆自己的命運，認為「為什麼只有自己如此命苦」。

譬如，在年幼時失去了雙親、因為貧窮而未能唸書、由於某種原因而不能結婚、與伴侶生離死別、無子或失去了孩子、自己的孩子變成不良少年等等。

世上悲痛之事是列舉不盡的。

這些悲傷和痛苦的不幸命運，是否絲毫不具任何意義呢？它是否是對人有害而無益呢？

人的靈魂在轉生世間之前生活於天國，那是個少有悲傷和痛苦的世界。雖然不能否認在靈界也存在著「自己的願望一時不能實現的悲感和苦情」，但天國中不存在任何積極性的惡。然而，人轉生到世間後，似乎經常遭受到被命運玩弄的不幸。

在《舊約聖經》中有這樣的記述：約伯在遇到種種災難後，詛咒了神，神回答約伯道：「你考察就能測透神嗎？你豈能盡情測透全能者？他的智慧高於天，你還能做什麼？」

神的這句話，真意何在？我們可以做如此解釋，神為了讓諸靈魂能夠進化，準備了各種舞臺和道具。

比我們早逝的人，在天國過著幸福的生活。由此可以明白，不可只用世間的觀點來看待事物。

畢竟，接受各種試煉的人，實際上也在同樣程度上接近了光明。在喜悅之中能夠接近天國，在悲傷的底層也同樣可以接近天國。世人須知，當打破了悲傷的底層、獲得了光明時，天國的境界就會從中展現出來。

九、何謂高貴

接下來講述有關靈魂的高貴。

無論是「靈魂的高貴」，還是「高貴的人格」，這個「高貴」意指出類拔萃、優秀超群的意思。

在什麼時候才能感受到靈魂的高貴、精神的高貴呢？

譬如說，一個出身豪門的長子，在生活上有人伺候、嬌生慣養，並且頭腦天生靈活，英俊瀟灑，倍受異性青睞，在社會上也能受人寵愛，處處逢源。這個人如此立身處世，結束了一生。

我們能從此人的靈魂中感受到高貴之處嗎？看到了這個人在如此環境下渡過一生時，我們能感覺到他很偉大嗎？

我認為偉人之所以被稱為偉人，其理由是，他在人生中戰勝了某種困苦之事。這才是偉大。

在歷史上，有在非洲的艱難環境中，堅毅地做傳道事業的高級靈史懷哲

（Schweitzer）博士；有連小學都沒唸完的世界發明王愛迪生（Thomas Edison）；有出身貧困家庭，但付出了超人的努力，當上了美國總統的林肯（Abraham Lincoln）；有被稱作印度獨立之父的甘地（Gandhi），他也是肩負國家之職責，勇於挑戰大英帝國殖民霸權的高級靈。

當我們在回顧這些偉人的人生時，便能從中發現困苦的真實意義，理解到「困苦不是單純的障礙物，它是使人生的軌跡更加優美的路標」。

我們並非只能從近代偉人的身上看出這層真義，而是自古以來皆是如此。印度的釋迦雖出身於王宮，生活上富裕自在，但祂在二十九歲時為了探索悟道而走出了王宮。

如此，為了更高的目標選擇了艱難的道路時，其靈魂就會閃耀出高貴之光。不正是這高貴之光照亮了後人的路途嗎！

我回首瞭望人類的歷史，看到了無數閃爍如星的偉人時，甚感欣慰。

無論是我，還是讀者，在人生的坎途中均會遇到各種困苦，世上經歷過千辛萬苦的人也不勝枚舉。只不過，承受不住困苦的人不能名垂青史罷了。相反，經受住了困苦的錘煉，並把它當成心靈食糧的人，不都獲得了靈魂高貴的勳章了嗎！

如果在耶穌的人生中只有困苦的話，祂的名字何以會留芳萬世？正因為祂在困苦的人生中發揮了靈魂的高貴，使祂成為了引導後世的真理之光。

十、引導之時

現在處境優越的人應該心懷感謝，並且努力履行使自己的靈魂層層飛躍的義務。即使自己有比人優越的處境，或比人有優秀的才能和天分，也需要付出比他人更大的努力和精進。

此外，即使自己的處境、才能和財產等多方面都不如人，或者自己患了先天性的疾病，身體上有了障礙，也不能因此而怨天尤人。如上所述，這些困苦，實際上是使人更進一步向上進化和發展的基石。

怨言和悲嘆能使靈魂得到多少進步呢？當你勇敢地背負起這十字架，痛苦不就形成靈魂的食糧了嗎！不正是在這樣的人生中放射出了光明嗎！

當然，這並不是說必須自尋苦惱，也不需要向神祈禱要求賜予苦難。但我們需要養成能夠經得住困苦錘煉的堅韌毅力。不要為自己的欠缺而悲嘆，應該發現自身的長處，並把它當作武器，勇敢地站立起來。

世上有雙目失明但口才很好的人，有雙腳不自由但雙手靈巧的人，有頭腦不靈活但身體健壯的人，有身體衰弱而頭腦很靈光的人。

與他人比較，一味悲嘆怨恨自己的不足之前，應該先認清自己被賦予了什麼，如何才能更加發揮自己的長處。在這當中，必定暗藏著能夠解答自己這本人生習題集的提示。

每個人的人生都是一個謎，是一個等待你來回答的習題集。但這本習題集亦必定附有解題的提示。當我們從第三者的立場來看自己時，便能發現自己的優點和長處，也能發現自己遠不如人的糟糕缺點。

因此，拿性格、才能以及肉體上的問題與別人比較時，如果發現了自己有異常起伏的部分，不需掩飾，其中必有應該如何承受人生考驗的提示。

再來，就應該積極地回答「為什麼自己會被給予如此考驗」的問題。在這過程當中，今生的修行目的將會明確顯現出來。

雖然在身體上、精神上或能力上有比別人遜色的地方，但在此卻也明確地顯示出，此人今世的人生目的和使命。

對此產生自覺的時候，便來到了「引導的時刻」。一旦對自己的命運有了自覺，燃起鬥志，就能使勇氣和力量倍增。此時，靈界的高級靈或你的守護靈、指導靈就會向你投出偉大的靈力。

這需要從自己的人生當中，發現解開人生課題的提示。當我們在這個提示之下，去解人生的課題時，必定能夠獲得諸高級靈助你一臂之力。

當認識到了靈魂的本質時，也就能夠意識到「必須永遠努力」的意義何在了。人在永恆的生命大河中生存，只有去克服自己被賜予的課題，才會顯得高貴，才能放出光芒，才能獲得靈魂的食糧。

「意識到並掌握了解開人生習題集的提示」之時，就是我們必須慎重正視的「引導的時刻」。

六次元世界

第三章

一、進化的本道

本章將著重講解六次元光明界的實相。

至第二章為止，講解了人死後不久將返回的四次元、五次元靈界。而進入六次元世界，即踏入了所謂的高級靈界。

之所以說六次元世界相當於高級靈界，是因為自古就有「在這個世界中，居住著被稱為神的高級靈」的傳說。

居住在六次元世界的神，究竟是怎樣的存在呢？我想就此做簡單的闡述。

居住在這裡的神並非造物主，也非創造了天地的神，這是不遑多論的。六次元光明界中沒有創造天地的神。

此處被稱為神的人轉生世間時，祂們以其超凡的德、能力，創造出非凡的成績，並讓世人感到：「此人似乎非同尋常，雖然無法想像他是怎樣的人，但肯定是個接近神的人。」

譬如，受到日本人祭拜，稱為「學問之神」的菅原道真，是在死後不久即被祀奉入了神社。由於他具有非地獄性的心，所以能夠返回到六次元光明界（但是從另外一個角度來看，世間亦有將非神者誤拜為神之事）。

總而言之，生活在六次元光明界的靈，在世間生活時均是廣受尊敬之人。

於是，我們便需要進一步研究，究竟什麼樣的人才能夠受世人的尊敬。那就是擁有崇高品德，並為世人留下超凡功績的人。此外，此人在心靈方面同樣也有極大的進化，比一般人有著明顯的進步。世人會敬畏他的靈能和實力，在他往生之後，尊崇其為神明。

此外，在六次元世界中，也有眾多靈魂生命悠久的神。

二、知神

延續上面的話題，接下來探討「何謂神」。

長久以來，這個問題是哲學、宗教和神學等領域的一大課題。有人主張「知神可知一切」，有人則認為「人並非被神按照祂自己的肖像創造出來，相反地，神是人們想像的產物，人們想像中的神跟人很相似。」

顯而易見地，這些看法都不能明確地解答「何謂神」。

對此，我想用我在現階段的想法來解釋。

首先，我們必須先釐清「神」這個詞當中，是否包括了創造世界的造物主（The Creator）。

基督教中，有「聖父、聖子、聖靈三位一體」之說。其中，有時把「聖靈」稱為神，有時把「聖子」耶穌基督稱為神，又有時把「天父」稱為神。

一般來說，廣義的神即是指位居於常人之上的靈性存在。因此，廣義來說，可以將「聖靈」稱為神。簡而言之，六次元光明界的神，即是基督教所指的聖靈。造物主之神，則是存在於更高遠的次元之中。

此外，並非六次元世界的所有存在都是神，六次元世界中也存在著不同的等級。生活在世間上的人，很難明確地理解到這種宇宙構造的意義何在。

世人也許會如此想像：「六次元世界的樣貌，就像空中閣樓，被透明屏幕隔離出樓層，每層都有居民。」但事實上那裡的環境並非如此。

作為六次元世界的居民，其必要前提首先是「徹底體悟自身非肉體之人」，而是以「意識體」的型態來生活。「意識體」是一種能量體，也可以稱其為「電磁波」、「電能」、「氣體」等。意識體是具有個性和某種特色的生命能量體，這就是靈的本質。

之所以說六次元世界的結構有等級之分，是因為生活在其中的生命能量體，彼此波長並不一致。這種等級的不同，不單指上下之別，而是指因波長有差異，而出現上層波長與下層波長之別。

這好比是把泥水注入玻璃杯中，攪拌後不久會逐漸沉澱，從整體上看，上面澄清下面渾濁。同樣地，在靈界，波長粗糙者，其靈體就會有近似世間的物質性比重，因此意識體本身也會下沉。相反，近神者，執著少，意識波長精妙，則能上升。

上述問題可以用波長來討論，也可以從能量體的角度來探討。總而言之，不同波長的靈人便生活在不同的環境中。

三、悟道之階梯

靈界是意識體的存在世界，這些意識有著不同的層次和階段。對這個問題的認識，是走向覺悟的第一步。

「覺悟」一詞，有種種含義。首先須知，人的靈魂生命期之長短並非取決於人的肉體壽命。這個覺悟雖屬較低程度，但畢竟是個覺悟。在四次元幽界中，能夠明確地覺悟到「人的生命並非肉體」的靈人尚為數不多。有許多靈人還是以肉體感覺，過著似是而非的生活。

其次，在覺悟當中也有從地獄升入天國的覺悟，即「人不能只思量自我，還必須有益於他人」。這是最低程度的認識水準。

地獄中的靈，以個人為中心，心中只想「為自己好」，生存在只求滿足自我的欲望中。他們認為只要自己好就行了，別人的好歹與己無關。這些地獄靈常會理屈詞窮地強辯：「為自己活得好，究竟錯在哪裡？」

在地獄中，這些具有同樣私欲的靈共處了幾十、幾百年後，便會對這種生活感到厭倦，產生要悔改的想法。這是從地獄升入天國所必須具備的最初步覺悟。他們在地獄界待久了，自然會產生想要過安然、和諧生活的渴望。

從地獄升入天國時，首先會返回四次元上層的精靈界，進而是更上層的五次元善人界。這在前文已說明。

我們可以稱五次元世界為「善人界」，或是「精神界」。在靈性、精神性上有覺醒的人、對於「善」的重要性有覺醒的人，均居住在五次元世界。

雖說是五次元世界的善人，但在其中也還是有不認真探究悟道的人。也就是說，五次元世界的靈人還不能充分地將己心面對佛神。

相較於此，六次元光明界中，所謂的無神論者已經銷聲匿跡了。六次元中的靈人，或多或少都知道「有了偉大的存在，才使人的靈魂得以生存」。只不過，大家對這個「偉大存在」的稱呼因人而異，有人稱其為「神」，有人稱其為「佛」。此外，在認識方法上也有些差異。

六次元世界中有許多僧侶、神主或教會牧師等聖職者，一心一意地追求著佛神的境界。除此之外，六次元世界中還有另一種靈人，亦即生前在工作上完成了進化目的之人。這些人在世時並非明確地追求佛神的境界，而是透過了工作，完成了高度的進化。

在六次元世界中也有許多做學問的人。譬如，未持地獄心念的大學教授和優秀的講師等等。還有諸如醫生、律師、法官等，在世間曾受到尊敬的人。此外，也有一些心地高潔的政治家和高級官僚等，這些人也能返回到六次元光明界。

無論是從哪個角度觀察，這些人均在某種意義上有了進化。譬如，有些人在繪畫和音樂等藝術領域中，增長了藝術的才能，這樣的人也居住在六次元光明界。

六次元世界的住民，主要的工作是什麼呢？僧侶、神主、教會的牧師等，不時地對在世間生活的人做宗教性的指導。其中，生前是政治家的靈人，指導著世間的政治家；生前是政府職員的靈人，則指導著世間的政府公務人員；生前是藝術家的靈人，則為在世間上的藝術家提供創作的靈感；生前是大學教授的靈人，會給予在世間上的學子們靈感。

他們一面在做這些工作的同時，一面在自己的專業領域中追求悟道。此外，他們還透過對下次元世界施予的行為中，獲得「菩薩行」的初級體驗。換言之，即是體驗助人的行為。

總之，在六次元光明界中的通用價值概念是「有益性」。六次元的靈人，以有益於世間的進步和發展，作為生存的價值基準。

這些雖然還不足以說是真正的愛，但應該可以說已經進入了愛的初級階段，有了愛的萌芽。

四、光之海

在這一節，將以視覺形象化的方式，講解六次元光明界。

於彼岸世界，越是向上光亮度就越強。對此，我在許多著作中已解釋過。同樣地，進入六次元光明界時，也會感到光量顯著地增加。

也許有些讀者有過類似體驗。當你走出高山叢林時，視野會豁然大開，可以眺望遠方山下的街景或海岸線等。進入六次元光明界時，就會產生類似的感覺。

我們可以將這樣的場面，形容為「光之海」的景象。初次來到六次元光明界時，強烈的光有可能使你感到昏眩，就像是在盛夏烈日下，眺望閃閃發光的海面時的感覺，要適應一段時間才能習慣過來。其實這不僅僅是個比喻，六次元光明界中的確有非常美麗的海。

六次元世界中有上下層次之別；這些差別還不僅僅是縱向的上下關係，在橫向關係上也同樣有其展開的層面。

在橫向關係上，首先有「表側」世界。六次元世界之所以被稱之為光明界，主要是體現在「表側」世界的靈人的特性。表側世界，是靈魂在正確方向上成長、進化的高級靈所居住的世界。

在六次元世界中，除了「表側」世界以外，還有別的世界。

譬如：有「龍宮界」。龍宮出現在許多日本的古老傳說中。那是與水有關的靈界，也居住著眾多的高級靈。這個龍宮界縱向貫通著幾個次元層，但主要以六次元世界為中心，下面與五次元、四次元世界相貫通。

自古傳說龍宮界中不僅有人靈，還有龍等生物。龍宮界中的龍神，是宮中高級靈的使者，祂們透過種種自然現象來表現自身的力量，或是在歷史變革時期施展出排山倒海的能量。祂們雖不是人靈，但具有巨大的靈力。

以靈眼觀望到的龍宮界，堪稱是個宏大的世界。身在這個寬廣的光之海中，有身在水中的感覺。日本的琵琶湖、三保松原等具有美麗海岸的地帶，皆是與此為緣的靈界，當中存在著龍宮界。

此外，在六次元世界的「裏側」，還有「仙人界」和「天狗界」等靈域。龍宮界屬於海界，而仙人界、天狗界的主要特徵是以山為界。那裡是一幅嚴峻的山脈光景，有不少靈人在這些山脈中做各種修行。

在這裡修行的靈，在世間生活時也曾追求過悟境，但在世間時主要是努力於肉體上的修行。這個裏側世界，是只想透過靈能力追求悟道的人所居住的世界，他們身上似乎缺乏做人的溫馨。

五、永恆的旅人

以上都是圍繞著進化的課題，來講解六次元世界。或許有人會察覺到：「原來，人，是走在永恆的生命旅途上啊！」

但或許也有人會認為：「人為什麼要這麼努力進化呢？順其自然不就好了嗎？」

若只從某個角度來看，這樣說確有其理，但若從靈性的角度來說，這種想法就未必正確了。因為，從真實的意義上來講，「人的生命並非是有限的」。

假如，人的生命只侷限於一、二百年間的時光，隨後就化為烏有的話，的確可以說順其自然的生活方式很不錯。但是，人真正的靈魂生命體，是生存於幾萬、幾十萬、幾百萬、幾千萬甚至是幾億年間。

如果讓這種永遠延續的生命，採取任憑自然的生活方式活下去的話，靈魂就會停滯不前。更何況，靈魂處於長期停滯狀態之中，是品味不到真正的心靈喜悅的。繼而，在百無聊賴的生活中不免會產生困惑。

連續在一、二百年間做同樣的事，也許還熬得過去，但若眺望永恆的時光，誰還會放任自己的靈魂在宇宙中茫茫然地漂浮呢？既然人都有各自的個性，自然人們會產生「我需要做些什麼」的心情。

譬如，很多上班族平時總是想：「但願早日結束這種拿月薪的工作，每天過自由自在的生活，那該有多好啊！」然而，真正退休之後，反而不知應如何打發每天用不完的自由時間了。在每天都自由的背後，反而有著無事可做的困惑。

一般來說，人很難將無事可做的狀態維持一年，大抵會不知不覺地想去做些工作或其他事情，或者專心在某些感興趣的事物上。

這種現象與靈魂的本質有關。靈魂在本質上是勤勉的，而不是懶惰的。雖然人有時會想休息一下，在工作上偷偷懶等，但這些是難以長久忍受的；人有勤勉於工作的本性。

心靈有生產和創造的本質。雖然有很多人常說：「我不喜歡這份工作。」但如果真剝奪了他那份工作的話，他反倒會不知所措。

心靈具有勤勉、熱心工作的一面，所以人具有要求向上的願望，沒有人能滿足於半途而廢的工作。因此，為了得到心靈的滿足、安然和喜悅，就必須把做好工作當做目標，不斷努力。

從這個觀點上來講，靈魂或說人的本質，是永恆的旅人。

六、鑽石的原石

本節，我想進一步探討「永恆的旅人」的話題。人跋涉於永恆的旅途上，追求著心靈的進化。對於這件事，人們會有什麼疑問呢？

為何有高級靈與低級靈的區別？為何有偉人與凡人之不同？為何有光明指導靈也有平凡的靈？雖說佛賜予了人們平等的愛，但這差別本身難道不是問題嗎？或許有些人會產生這樣的疑團。

讀者們可從本節「鑽石的原石」中找到答案。

原石經過雕琢之後，即變成了閃亮的鑽石，人也是一樣。當挖掘出原材料礦石後，「如何雕琢使其發光」，就是每個人的課題了，而且這課題是人人都無法迴避的。

讀者在內觀自己的靈格時，或許會認為「光明指導靈是如同鑽石般閃耀的存在，而自己卻像煤炭、木炭、河邊的石子。」但是，人的真相並非如此。

雖然閃閃發光的鑽石與河邊的石子確實有天壤之別，但人的本質絕非如此。無論是怎樣的人，只要經過磨練，心靈就一定能夠發出光來，這是無庸置疑的。

此外，有些人在聽到地獄靈、惡魔的事情時，會產生「豈能容忍醜惡橫行？豈能寬容他們肆意行惡？」的心情。也會認為：「佛為何不施法力將這些惡靈徹底消滅？為何不把這些惡靈從世間驅逐？為何不將這些惡靈封閉於宇宙的邊域？」

但是，會有這些想法，是因為尚未真正認識到靈魂的本質。通常，在人們的眼裡，地獄靈醜陋不堪，專門製造不幸。但須知，即使是惡靈，接受了某種機緣之後也是可以改邪歸正的。

我曾在與被惡靈附身的人接觸的時候，直接觀察附在人身上的惡靈，察覺到惡靈其實是處於不知真相的狀態。惡靈不知靈魂的本質，不知人之存在並非肉體生命，不知做人必須行善，甚至連自身已落入地獄的事實也不承認。地獄靈是處於這種全然不知實相的狀態之中。

既然如此，只要教導真理，惡靈也有回頭的可能，也會猛然醒覺：「糟了，自己過的是虛偽人生，必須悔改，走向自新。」

來。

在這悔過的瞬間，其靈體便會在黑暗中發出光來，從頭後方顯現出微弱的後光如果惡靈就像河邊的石子，那麼無論怎樣琢磨也不會發光。但是，琢磨之後展現的光芒，說明了即使是被稱作惡靈、撒旦一樣的惡性存在，原本也同樣是鑽石的原石，經過雕琢也能散發光芒。

無光，是因為原石被污垢遮掩了，所以會被視為粗糙的石子或廢物。但只要去除表面上的污垢，它就能放出光芒來。

這體現了無限的可能性，體現了佛所賜予的無窮無盡的愛。

七、政治的本質

在世間，有很多人希望自己能被頌揚成偉人，其中又以政治家為最，因此很多人把成為國家的總理或者是大臣視為人生目標。

有些人想「使自己偉大，好支配別人」，另一面卻在大庭廣眾之下攻擊、諷刺政治家。他們對自己露骨的出頭欲望也會感到厭倦，因此有時在他們的眼裡，政治家好似山中的猴王。

當今這個時代，已迷失了政治的本質。所謂政治的本質，歸根究柢，可歸納為上下關係；有領導者和被領導者，有掌權者和在這種權力下的被操縱者。總之，政治的本質終究存在於金字塔型的體制中。

頂點人數少，底邊人數多的金字塔型形成後，人群才有安定感。假若是圓形的話，就容易滾動而無法穩定。越是往上，人數越少的三角形才能產生安定感。

這種體制不僅僅出現在政治上，在企業組織的結構上也一樣。企業也是金字塔型的體制，下層是普通的公司職員，隨後是科長、部長、董事等，最頂點是董事長一個人。

學校亦不例外，由下往上是老師、教務主任、校長等。大學則是教授、院長、校長等。總之，這種金字塔型的體制出現在各領域中。

由此，我們就需要思考其真實意義何在。其實，靈界的構造亦是金字塔型，四次元的靈人較五次元多，五次元的靈人較六次元多，如此越往上人數越少，至九次元世界僅有十位大靈。靈界就是如此結構。

也就是說，金字塔結構不僅存在於世間，也存在於靈界。因為有靈界實相的投影，世間才出現了金字塔結構。

人必須與他人共同生活，在共同生活中需要有領導者，以求整體上的安定。如果每個人總是各說各自的意見，那麼整體上就很難有規律的行動。

歸結起來，「需要領導者」的認識，體現出了政治的本質。

磨練世人做領導者的資質，即是六次元光明界的人們的使命。他們透過各種職業進行磨練，具備了做領導者的資質，並擔負著眾人的期待。

八、勢不可擋的力量

前幾節提到了六次元光明界的人具有領導的才華。接下來讓我們探討一下，如何才能發揮出領導的才華。

為什麼有的人要聽從他人的指揮？為什麼有的人能命令和教育別人？這種政治

權力或是靈性力量的泉源，從何而來呢？

其實，這種靈力是來自於比自身更高次元的存在，是佛賜予的力量。

假若佛偏向地獄這一邊，那麼地獄靈說的話就是正確的。但事實上，佛不站在地獄靈這邊。因此，人們便可以判斷出什麼是正確的方向，什麼是正確的意見了。

佛的境界，猶如北極星為人指出正確的方向，因此接近佛的人，能夠引導人們和履行領導者的使命。

因此，居於六次元的眾多領導者的力量泉源、壓倒性的力量本質，最終還是來自佛，來自佛的睿智。如果沒有佛力，那麼無論是在世間還是在靈界，都無法產生出壓倒性的力量。此外，當人認識到自己的想法與佛心相應時，勇氣和力量便油然而生。

居於六次元世界的人，具有「自己是佛選出的菁英」的意識，從褒義上講，他們的領導意識極強。因此，他們會清楚地自覺認識到：「對那些不如自己、未發達的後輩靈給予指導是自己的職責。」

六次元光明界的高級靈，會給予各式各樣的指導方法，但他們都是在最適合自己的方向上學習和傳佈佛心、佛智。換言之，六次元世界正式進入了探究佛智的階段。

他們依據探究的成果，以壓倒性的力量指導人們。他們經過學習，在一定程度上理解了佛智，因此在對政治、經濟、藝術和教育等方面的指導上充滿了自信心。

總而言之，真正的力量泉源在於知曉佛心，知佛心為其根本。

知曉佛心的「知」，是六次元世界的核心思想。這個「知」即是指對真理的認識、理解，是否具備「真理知識」，是能否存在於六次元世界的重要關鍵。不具備真理知識，就不可能居於六次元世界。六次元世界的生存條件，取決於此人是否為獲得真理知識而努力。

九、有魄力的言語

接下來講述有關言語的問題。

《聖經》中有一節著名的內容：「太初有話，話與神同在，話就是神。」（約

1:01 In the beginning was the Word, and the Word was with God, and the Word was God.）由此可知，言語具有極其重要的意義。

光明指導靈降生於世間指導人們時，使用的方法是言語。有時，指導靈會使用靈性現象，但這只不過是為了引導人們走向覺悟的一種方便法而已，因為單憑靈性現象，不能使人徹底覺悟。

人為什麼會感動？光明指導靈在說法或講演時，為什麼能夠打動人心？人們為什麼會感動得落淚呢？我們必須明白這些感動的本質何在。

聽到了真理之言後不禁流淚，其實是因為在世人的心靈深處，留存著自己在遙遠的古昔學習真理時的感動記憶，因此「觸景生情」。

在這些感動的記憶中，有在印度聽聞釋迦說法的記憶，有在耶路撒冷聽聞耶穌教誨的記憶，有在聽聞諸光明指導靈說法的記憶，也有在四次元世界以上的靈界，接受諸光明指導靈的教育時，感動得落淚的記憶。

這說明，人在本質上，知道究竟什麼才是最珍貴的。

淚水不僅僅是在悲哀時才落下，人在高興和感動時也會落淚。人認識了佛法，見到悟境展現眼前時，會不禁為此落淚，此稱「法雨」。

這淚水，能在正心和清淨六根煩惱上發揮積極的作用。就像空中降下的喜雨，淨化空氣中的塵埃、清淨大氣、沖洗大地、撥開迷霧，當這感動的法雨濕潤了面頰時，此人心中的罪孽也隨之被洗滌。於是，此人便能從心底發光，放射出如鑽石般閃耀的光芒。

世上的宗教指導者，應多創造這種「法雨」的機緣。在文章中使用強有力的文筆固然重要，但面對面向人說法，使人流下感動之淚也是必要的。

在這感動的時刻，生活在世間的人能夠體會到超越性的境界，激發起追求覺悟的菩提心。換言之，此時會讓人回憶起昔日曾為法話和真理之言感動。

由此可知，「言語」是自己所悟到的真理知識的體現，此乃言語的本質。覺悟越高，言語的影響力就越大，越能感動人心。

沒有覺悟的人，其言語是無力的，文章也難以打動人心。即使是寫相同的內容，但覺悟之人的文章，就是能感人肺腑，激發出熱情來。

如果想查證自己的覺悟程度，就可以看看自己是否能依據真理，說出有魄力的言語。

言語會隨著悟境的提高而增強影響力，散發出光芒。證據就是，人們的感動。人們可以將言語當作修行的指標。

十、走向愛的境界

以上是六次元世界的概觀。

縱觀六次元世界，有上、中、下的階段性世界。橫觀則有表側光明界，在中間有龍宮界，另一面的裏側世界，則是以肉體修行為中心的人所居住的天狗界和仙人界。天狗界主要是好炫耀力量的人所前往的世界，而仙人界則是專門研究靈能力的人所居住的世界。這就是六次元中的諸種實相。

此外，上文還介紹了在六次元世界中居住的神靈，這些被稱為神的人，主要是在六次元光明界上層階級。

六次元世界上層階級中有諸天善神。其中，有人們常說的多聞天、昆沙門、大黑天等神靈，也有許多福神。

部分諸天善靈所做的工作，並非侷限在六次元覺悟之內。這些人雖然已獲得了六次元以上的「菩薩」、「如來」之悟境，但卻在六次元上層階段擔負著具體的使命。

換言之，有一些「菩薩」和「如來」是為了統括六次元世界以及指導世間人們，而來到六次元世界的。從靈格上來說，這樣的人大多是人們稱作神的高級靈。

此外，也有一些人居於六次元上層階段修行。這些人稱之為「阿羅漢」。「阿羅漢」是指向著「菩薩」境界努力修行的人，他們自己能夠淨心、反省和糾正自身的錯誤，進而能夠達到靈體放射出後光的狀態。阿羅漢的境界是進入菩薩界的「登龍門」。若從佛教的觀點來講，這些六次元上層階級的人稱為「阿羅漢」，但若從基督教的角度而言，則大約是教會牧師這樣的人。

「阿羅漢」意味著自學自修的修行過程已結束，需要進一步將上面的七次元「菩薩」作為修行目標。他們在為獲得真理知識而努力的同時，還會鑽研如何向眾人說法。

「利他」的行為是進入利他世界的前提。當自我磨練的階段大致結束後，進入了「助人、友愛和慈悲」的利他境界時，「阿羅漢」即成「菩薩」了。從基督教的觀點來說，這相當於天使。

這是靈魂修行之本道。可以說，六次元光明界的修行，是到達「阿羅漢」的正道之一。

總結來說，「阿羅漢」是一種職業或一個面向，是一個充分地充實自己後，又繼續將「助人」作為修行目標的人，這就是佛教所稱的「阿羅漢」。從這幾點來看，沒有經過六次元修行，就不可能進入七次元世界。

世間人們的修行也是一樣。在吸收了真理知識的基礎上，透過親身實踐，才能進入為真理而生的世界。因此，人們務必要知曉「不吸收真理知識，就不能到達菩薩的境地」。

首先，必須吸收知識，確立自己的知性實力。其次，是把對普世的愛作為人生目標，熱心助人，用覺悟的力量拯救他人。從靈界實相的觀點來看，抱持這種人生方針，才是正確的。

七次元世界

一、愛的洋溢

本章將對七次元的靈域做說明。

七次元世界之別名為「菩薩界」。因為「菩薩界」是佛教式的命名，未必能在全世界通用，但對居住在亞洲的人來說，「菩薩界」這個詞比較容易理解，所以我較常使用。

簡單來說，七次元世界是「愛」的世界。「愛」，每天都有人討論，各種文獻中也有許多有論述和記載。「愛」，是人最想得到、最根源性的欲求。

世上沒有不需要別人愛的人。但「要求別人愛自己的心情」和「實際上得到了別人給予的愛」，這兩者間的差異，似乎就區分了人的幸與不幸。

在小說、詩歌和哲學等書籍中，有數之不盡關於愛的闡述。此外，在音樂和繪畫作品中，愛也是永遠的主題，可是在歷史上，卻沒有任何人能對真實的「愛」下一個不變的定義。

對此，我打算透過本章全文，從各種角度對愛的問題進行探討。

六次元世界重視「知」，但六次元的知並非指世間性知識的歸納，而是指佛法真理的知識。因此，「知的世界的上一階段，是愛的世界」，這便是我現在要談的問題。

古人言「愛優於知」，但這句話的本意並不是說「只要有了愛就不需要知」，而是指「知固然重要，但尚須認識到，『愛』是超越了知的存在」。這從人的經驗來說，也是說得通的。

有些人待人親切、和藹、體貼，但自己最終還是不能幸福，原因在哪裡呢？因為此人只是在充當一個「慈悲魔」，缺乏知的部分。

自己總認為只要為他人好就行，做盡各種殷勤助人之事，但反而引起對方的反感，最後自己只能感到枉然空虛。雖然為他人盡心盡力，可是對方既不喜悅，也不感謝自己，最後連自己也被籠罩在空虛的氣氛中。世上有很多這種人，自身充當了「慈悲魔」即是原因所在。

實踐愛，看起來非常簡單，但實際上卻非常難。因為，在愛中有「勉勵他人」的要素。要勉勵他人，畢竟還需要深入認識社會和人的本質，需要知曉佛心，否則就很難做到勉勵。

因此，我們可以得出如下的結論：「以『知』為根基的愛，才能勉勵世間的一切，才能成為培育和發展的力量。如果在無知的狀態下實踐愛，愛是脆弱、模糊和容易崩潰的」。

不過，如果仔細觀察人的本質，會發現愛就像不斷湧出、無法扼抑的泉水。所以在「施愛」時，應該要認識到「愛如內心深處的湧泉」。

二、愛的作用力

接下來，讓我們來探討愛的作用力這個問題。愛究竟能夠產生出何種作用力呢？愛又具備何種功用呢？

人失去了愛會怎樣？愛是人的根本需求嗎？或者說，「愛」是因為人們說「必須要互愛」而出現的嗎？

這些是我們必須首先思考的問題。

人從出生到年邁、死亡，有六、七十年左右的生涯。貫穿此生的能源和生存的動力，究竟是什麼呢？首先，我們從這裡來深入探討。

讀者們可以回顧自己從蹣跚學步的小寶寶，到上幼稚園、小學、國中時的情形。

小寶寶的工作是什麼呢？去感受母親的愛似乎就是他的工作。對小寶寶來說，他最初的認知，就是感覺到愛的存在。這是愛的根本作用力的體現。

嬰兒覺得沒有得到愛時，就會哭泣，感覺到愛時，就開心得不得了。喝到母乳會心滿意足，而母親不在身邊、不如己意時又會哭鬧了。

此時我們可以發現到，在嬰兒純潔無瑕的心中，表現出了對愛的本能性的需求。嬰兒的心雖然幼稚，但對是否獲得了關愛，可是非常敏感。

小朋友長到三到六歲左右，兄弟姊妹之間就會開始向父母爭寵。

即使是四、五歲的孩子，如果覺得父母把愛傾注在弟弟、妹妹身上，也許就會故意調皮一下，這可以說是最早出現的嫉妒。嫉妒心在人幼小時便已產生了，真是令人意外。

進一步觀察嫉妒心從何而來，就可以發現它最終是來自對愛的強烈欲求。孩童在這個欲求得不到滿足時，便會做一些調皮的事去引人注意。

總結來說，童年時對愛的欲求，就好比是對食物的需求一般。

上了小學、中學，就不只有父母能給予愛了，從同學、老師身上也能得到愛。成績好時想得到老師的表揚、同學們的羨慕，從中可以獲得相當的滿足感。即使成績不好，但如果在某個體育項目上出眾，也會引人注目，得到同學們的愛戴。此外，如果能在功課上或體育上表現優異的話，或許還能得到異性的愛慕。

我們可以說，對於成長中的人而言，獲得別人的愛，就像是在攝取生活上的營養素一樣。

長大成人之後，情形會有怎樣的變化呢？

二十五、六歲的女子，跟二十七至三十歲的男子，會開始認真地考慮婚事。因此，為了能得到異性的愛戀，努力在名校中讀書，在著名的大公司工作。女子為了使自己更漂亮、更富魅力，會在穿著和化妝方面下功夫。這也是求愛之心在起作用的關係。

從這個發展變化中，我們可以發現，這種狀態如果持續下去，人很容易只是想滿足本能欲求，只考慮如何從他人那裡得到愛。人自出生下來開始，一直在追求他人給予自己的愛。然而，光是這樣妥當嗎？這很值得我們思考。

三、愛的力學

接下來，我們來討論「愛的力學」。「愛的力學」，是愛與愛之間的關係學，作用與反作用的法則。

任何人在童年時都會想得到愛，這時愛的供給者是父母，父母向孩子傾注自己的愛。兒女長大成人後，結婚、生兒育女，同樣會對自己的子女傾注親子之愛。

孩子一面接受著父母的愛；另一方面，爺爺、奶奶把孫兒視為寶貝，只要見到了孫兒的臉、撫摸到了孫兒的手，就會喜出望外，孫兒的存在本身，反而成為對爺爺、奶奶的一種愛，成為了歡喜的來源。

如此，愛還不僅僅是被施予的，在某種程度上是相互給予、分享的。

我們由此可以發現，愛是源源不絕地循環。

這個循環也許是以二、三十年為週期。父母給予孩子養育之愛，孩子成人後做了父母，也會向自己的孩子給予父母之愛。做爺爺、奶奶的也會疼愛孫輩。如此，愛以二、三十年為週期循環著。

這是家庭裡面的愛的循環。此外，人們還會面臨下一個更大的愛的課題。那就是男女之間的愛。

人自從懂事之後，或者說從十幾歲左右起，便會逐漸意識到異性的存在。在近二十歲時，便難以擺脫對異性的思念了。男女之間的戀情有如磁鐵相互吸引，甚至整日被這種思念糾纏，這是種非常不可思議的感情。

這感情雖不是因為教育才產生的，但在男女之間卻產生了近乎契約的關係。

戀愛中的女性，在內心會本能地產生「他愛著我，所以我不應該太親近其他男子」的想法。男性也同樣會自然地產生出「她對我付出了愛情，所以我應該跟其他女性保持距離，以免傷害了她的感情」的心情。

人們對這種不可思議、近似契約的關係，對這種透過愛將男女結合的情形，似乎是天生就了然於胸。

體驗過從十幾歲到二十幾歲的愛，以男女之間契約性的愛的力量為基礎，夫婦之愛就此產生了。

夫婦之愛受到法律保護，並且具有排他性，不容許他人介入。如此一來，在愛的本質中可見排他性的一面。譬如，如果做丈夫的人每天在外尋花問柳，妻子就會非常傷心。相反地，妻子若整天遊蕩在外，她的丈夫也會感到孤獨。可以說，這樣的愛之中有一種獨占欲，容不下第三者的排他性。

四、永遠的愛

接下來我們來看看，這種獨占欲，是否屬於人為了保存自己生命的本能欲求？這種愛是否不能容許呢？

或許會有人這樣想：「平等地愛所有人，是人的本質，所以必須平等地對待所有的人。」

但是，假如妻子八面玲瓏，不但對自己的丈夫好，對其他男性也平等地去愛的話，會出現怎樣的情形呢？這必然意味著夫婦生活的崩潰。

男女共同生活是一個必須遵守的規則，因為生兒育女和建立家庭，需要在共同生活中計畫。

如果不需要家庭，把男女的存在理由僅視為生理上傳宗接代的需要，或者是認同柏拉圖（Plato）所說的：「養育子女應是國家的責任」，那麼男女除了傳宗接代以外，也就沒有其他意義了。

但這不是佛心的體現。佛期望「一男一女，相互協力，生兒育女，透過幾十年來所建立的家庭，必定能發現有許多收穫。」

換言之，在男女之愛中的排他、獨占意識，看似是一種自我保存的自私欲望，但實際上，為了達到更高的目標，為了成就偉大的家庭之愛、為了捍衛家庭的幸福，有必要做出這最低限度的惡。

看似心胸狹小，但這是為了達到更高目標，所必須採取的手段。

因此，男女間的獨占欲未必是惡。但如果這種欲望超過合理限度，變成不尊重對方、控制住對方，也就是說變成了異常的嫉妒時，就會產生不幸。

男女間的嫉妒心，只要是在為了維護共同生活的範圍內，不過度借題發揮，這種適當的嫉妒是可以容許的。但若嫉妒心異常地敏感，甚至變成了責難和折磨對方時，無疑會釀成悲劇。

佛為了教導人們體現佛心於愛中，祂讓男女戀愛、結婚，實現夫婦之愛，進而體驗父母對子女的愛。這是佛給予人們的愛的教育課程。

但在男女愛中產生的夫婦愛，以及隨之而來的親子愛，這些愛是否永遠不變呢？答案未必是肯定的。因為，這些愛在某種程度上還是屬於本能性的。或許用「偶然」來形容不十分恰當，但人們是在人世間的偶遇中，彼此產生感情、愛上對方，也是事實。

雖然可以說是佛讓男女結婚、生兒育女和建立家庭，但這樣就很完美了嗎？並非如此。男女之間的愛，仍然只是佛為了讓人們覺醒到真正愛的機緣的手段。

不管是多麼自私的人，都會對異性產生愛戀之心，至少對自己的孩子會有疼愛之心。

對異性和父母的愛，是為了讓人認識永恆的愛的啟示。「以這種最低限度的愛為機緣，覺悟更高層級的愛」，這即是佛的真心，人們應該正視這個事實。

五、為誰而愛

以上從各種角度探討了愛的問題。接下來我們繼續思考「為誰而愛」的問題。人自孩童起，就對「別人給自己愛是好事，得不到他人的愛是壞事」有著本能性的嗅覺。但如果每個人都在要求別人給他愛，那麼就沒有人能來供給愛了。如果只有愛的需求，但無供給的話，世間上的愛就會乾枯。

就連世間的糧食都無法辦法自給自足，所以如果所有人都站在要求得到愛的立場，沒有人要站在給出愛的這一邊，那麼愛的供給方就會消失。這會使世間充滿如饑似渴的求愛者。

愛，不僅僅存在於男女之間和家庭裡，當人步入社會，與他人之間也會出現愛的關係。冠以愛的名稱或許不夠恰當，但至少人會有「希望他人看好自己」的想法。

一個人若能夠獲得別人的好感，我們可以說他得到了愛。相反，對別人懷著好感，能夠看到別人的優點，對人關心、體貼，我們則可以說此人付出了愛。

如果用靈眼觀察世間，便可以看到人們彷彿沙漠中喉嚨乾渴的旅人，在莽莽烈日下艱難地行走。

如果人們對彼此懷有愛心，便能緩解乾渴的欲求。但如果彼此不是相互供給，而是只考慮如何從他人那裡取得愛的話，這只會加重乾渴的程度。

如果我們深思這個問題，便應該能夠得出「為誰而愛」的答案了。有所謂「親切同情不是為了他人」這種說法，這句話意味著「對他人親切，其結果最終會回到自己身上」。愛是不斷的循環，最終會回到自己身上。

讀者也可以從愛的經濟學角度來思考。

譬如，農家種植了蔬菜和稻米，收成後拿到市場上去賣，換回了貨幣。農家用這些貨幣可以購買汽車等生活用品，接著，製造汽車的人從農家手裡獲得貨幣，他們也可以使用這些貨幣到市場上去購買蔬菜、米等食物。

一切都在循環；經濟上以貨幣為媒介，讓人們透過勞動所創造的價值，做不間斷的循環。

愛也是一樣，向他人施予的愛，在幾經輾轉後，必定能回到自己身上。施愛者得愛——這是一個法則。

一如生產了多少米就能獲得多少收入，付出多少勞動就能獲得相應的報酬一樣，向人施愛者，也會有同等的愛的回收。雖然在三次元世間，用肉眼看不到這個愛的法則，但若從靈性的角度來看，就能明白這是真實的了。愛，確實能夠回歸到施愛者身上。

於是，施愛越多，所得到的愛就越多。

因此，高次元的靈、光明指導靈向廣大眾人施愛，相對的他們能夠得到的愛也是巨大的。

那麼，他們被賜予的愛從何而來呢？這個愛是否是來自被他們愛的人的稱讚呢？其中的確包含著這個部分，但不是全部。其實，他們施愛的代價，是能得到來自佛的恩賜；佛會賜予他們偉大的恩惠。

六、拯救的本質

下面，我想稍微轉變話題，談一談有關拯救的本質。

前面說明了七次元世界是愛的世界，並談到這愛當中包含了家庭之愛、親子之愛、男女之愛等等。

那麼七次元世界的愛，性質又是如何呢？七次元的愛，已不是親子、男女之間的本能性的愛了。

七次元的菩薩在持肉體降生世間時，祂們施愛的對象，未必都是和自己有直接關係的人。菩薩以佛心為己心，引導世人走向覺悟、救濟眾生。這是菩薩的世間人生，同時也是返回靈界後的工作。

在他力門中，非常重視「拯救」。

這個拯救的本質是什麼呢？

我在先前曾描述過，若用靈眼觀察世間時，似乎能看到在炎熱的沙漠中，疲憊的人們在四處求水，尋找綠洲，迷失了人生的方向。

如果生活在三次元世間的人是這樣的話，那麼對於人們來說，拯救是指什麼呢？其實，拯救的本質並不是滋潤人們乾渴的喉嚨，拯救的本質不在於此。

那麼真正的潤喉之水是什麼呢？

兩千多年前，耶穌基督在口渴時，到牧羊女那裡討水喝。隨後耶穌留下了這樣一段話：「你能用水潤喉，但喉嚨還會乾渴。用我給予的『生命的語言』解渴者，絕不會再感到乾渴。」

就如這段話所說的，拯救的本質就在其中。

這裡耶穌所說的「生命的語言」，是指引導人覺醒，明白靈魂永恆生命的真實教義，是指佛法真理。為佛法真理而生的人，具有永恆的生命，不會迷失方向，因此不會疲勞，不會乾渴。

藉由佛法真理的正確提示，有無數的旅人重新找到正確的方向。何謂真正的愛？何謂真正的拯救？它的本質，就是使人覺醒的真理之詞，使人醒悟的一喝。

總結來說，諸菩薩活動的本質，在於傳播佛法真理，滋潤人們的心田，拯救萬眾。

七、偉人的生涯

走筆至此，我不得不談一談偉人們的一生。回顧人類歷史，無論是宗教還是其他領域，都出現過許多偉人。我們必須深思，他們是如何引導世人、如何為愛而生，以及如何在生涯中體現出愛的生命。

他們的一生，並非只活於男女之愛和家庭之愛，也不單單是為了完成親子之愛，而是向人們教示了何謂真正的愛。

耶穌即是如此的偉人。若單從親子之愛的角度來看，祂或許做過許多常人眼中的不孝之舉，也不能說是個好兒子。出身於工匠家庭的人，本來應習得手藝，婚後養兒育女，繼承家業，扶助家庭；但耶穌的生涯並非如此。

耶穌在靈界，也曾對生前生身之母——聖母瑪利亞（Maria）說過失禮的話：「人之靈魂從天而降，非人所生，貴夫人，妳雖曾是我的肉身之母，但絕非我的靈魂之母。妳務必要認識到這個事實。」如果從世間的觀點來看，耶穌對母親說的話是很不孝的。

此外，耶穌與兄弟的關係也很普通。耶穌有四個兄弟，但都是「凡人」，家中只有耶穌成了傑出人物。

實際上，耶穌的父親約瑟（Joseph）並沒能真正理解耶穌，祂的兄弟們也是一樣，常責難祂說：「你不但不幫家裡做事，還專去搞什麼新興宗教，說一些讓人聽不懂的話，真是無趣的哥哥。」

但耶穌是為了更高的愛而活，為了拯救全人類而貢獻自己的一生。我們必須認識到有超越了家庭之愛、兄弟之愛和親子之愛的，高度的愛。

喬答摩．悉達多（Gautama Siddhartha 釋迦牟尼）的人生，也很類似。祂在二十九歲時捨妻小，違背父願出家，離開迦毗羅衛城，隨後在山中修行了六年。

釋尊身為王子，繼承王位是本分，但祂拂袖而去，從世人之常情上來看，是不孝之子。

祂有兒子羅喉羅（Rahula）和妻子耶輸陀羅（Yashodhara），但祂捨下妻小，直到成道為止未登家門一步。單從這個角度來看，祂是破壞男女之愛和夫婦之愛的人，是拋棄了父母的不孝子。

但在事實上，釋尊的真意並非在於否定親子之愛和男女之愛，祂是為了達到更高的目的，因此做出了無法避免的犧牲。

我們必須要體認到當時的時空環境，是不可能讓身為王子的喬答摩．悉達多獲得佛陀之悟，也無法用這種身份對世人講述佛陀的教義和真理的。

釋迦在鞏固了教團後，讓自己的妻子成為教團弟子的一員，以這樣的方式照料她，也讓許多釋迦族的青年男女加入了教團。這說明了釋迦畢竟是有責任感的人。

但對於我們現代人來說，為了達到自己的目標而拋棄妻小，終究是一件殘酷的事。可能的話，還是周詳地考慮家庭、父母和工作，在協調家庭生活的同時拯救社會，以這種普遍的方式來實踐愛比較好吧！

我們不能忘記，某些偉人是與眾不同、例外的愛的體現者，他們的「存在之愛」的生涯如同太陽，光輝照耀了世間。因此，人類應該對這些偉人致敬。

八、佛心的體現者

從回顧偉人的生涯，可以知道他們無視於世間性的愛，自覺到自己應該為更高的愛而活。他們為了達到更高的目的，而犧牲了其他次要的東西。換言之，他們對佛的愛勝於對人的愛。

人心是常常搖擺不定的。若以這樣搖擺不定的心為基礎，來生活和認識愛，必定跟以永恆不變的佛心為基礎的生活方式，有很大的差異。

佛心體現者的愛，是永恆之愛、不變之愛。在以佛心為己心的生活中，即有這真實的愛。

我們不能否定男女之愛、親子之愛、手足之愛，應該要珍惜。但此外我們還必須認識，這些愛只是為了達到更高的愛的預備課程，只是佛賜予人類的本能。

在此，我們必須深思「佛愛」和「愛佛」的問題了。

佛，用廣大無邊的愛包容著人類。這廣大無邊的愛，不是指用渴望得到愛的心念去體會愛，不是指有得失的愛，而是指無盡地施予不求回報的愛。

太陽無所求地施予地球上的人和動植物光和熱，同樣的，佛也施予不求回報的愛，以「存在之愛」的最高境界燦爛閃耀著。

人們必須認知到佛愛的存在，必須要明白「佛賜予了一切」。獲得了佛愛的恩賜，倘若還無感謝之心，就不能說是佛子。在無限溫暖的愛的擁抱中，在無盡的恩賜下，若沒有絲毫感覺，身為人難道不是一種羞恥嗎！

多數世人對無限、無償的「佛愛」似少有敬意，或者說未能覺察。可是，作為人難道不應該積極地去感悟佛愛嗎？自身獲得了佛愛，難道不應該將感謝之心奉獻給佛嗎？

人們當上了父母，便能體會到父母愛護子女的心情。佛就是人類的父母，作為人類父母的佛在愛著人類，人類難道不應該向佛奉獻愛心嗎！

這實際上是說，既然每個人作為佛子降生到世間，就需要抱有偉大的自覺心。我們不該為了獲得別人的好評和稱讚才發揮愛心，接受著無限佛愛的人，本來就應該給出愛。

以靈的角度來看，人類就像用接收電波的天線一樣，接受著佛的恩愛。既然接受了如此之多的佛愛，就應該把這個愛繼續傳送出去。

接受著佛愛，就應該將這個愛付出給世人，奉獻給社會。自上接受了佛愛，就有向下傳送的義務。

九、魂之器

下面探討有關魂之器量的問題。

人的魂是接受佛愛的器皿。器皿小，裡面的水容易溢出；器皿大，才能積蓄。水庫有了充足的水量，可以透過水的落差，創造出巨大的電力。同樣，魂之器的大小，能決定蓄水量和發出的電力。

具有最大「蓄水量」魂之器的，是諸九次元救世主。祂們總是蓄滿了水，無與倫比。所以祂們放出的水流有澎湃之勢，創造出巨大的電力，傳送到世界各地。

因此，魂之器的大小不同，在愛的實踐上也會出現差距。在蓄水量上有差距的話，在發電量上也會有差距。

水有落差才能發電，水庫越高，水的落差就越大，發出的電力也就越大。所以我們可以說魂的高度也很重要。如果魂的境界高，具有高尚的人格，其流落的水勢就越強，發出的電力也就越大。

因此，為了創造能夠接受更多佛愛的自己，就應該在「創造大器」、「創造高尚的人格」兩方面警醒惕勵。

創造大器，是指努力精進，構築宏大的人格，擴大自己的包容量。建造能夠包容一切的器量，這即是修行之一。

進一步的修行，則是如何將自身心靈的水庫提高。刻苦勤勉地將自身的心靈向佛境提升，這項工程也是追求覺悟的心靈修行。

何謂覺悟？什麼才能說是覺悟呢？現在我們面臨了這個問題。其實，覺悟就是指在吸收和實踐佛法真理時獲得的「心靈食糧」。吸收和實踐佛法真理之後，所獲得的心靈食糧和體驗，即是覺悟。

因此，我們要在日常中有意識地吸收和實踐佛法真理，體現於行為中，並廣泛地傳播愛。隨之，增加自身的包容量，提高自己的人格，構築宏大的魂之器。

十、超越了愛的存在

以上，探討了貫穿了七次元世界的「愛」。就某個角度來說，「愛」是在相互作用下產生的，在人與人、人與動植物間的相互關係中產生的。在單純的個體中產生不了愛。

寶石自身可散發光輝，但愛不是這樣的。只有相互溝通和相互給予，才會有愛。愛的本質，似乎就在這裡。

話雖如此，但光是相對性的愛還不能說是真正的愛，還是有像燦爛閃耀的寶石那樣，像在朝陽照射下的水晶那樣，本身就能放射出燦爛光芒的愛。這是超越了人與人、人與動植物、礦物等之間的愛。

何謂超越了愛的存在？這個超越了愛的存在，就是「慈悲」。

寶石之閃耀，絕不是為了得到什麼才發出光輝，寶石僅是默默地閃耀，在這光輝當中，存在著偉大的愛。無限地施予無償的愛，這毅然存在的愛，就是慈悲。

譬如說，山澗幽谷間盛開的花朵，為何如此美麗？它們是為誰盛開呢？

花朵盛開這件事本身，隱藏了一個無形的存在，它好像在向人訴說著這存在的意義和價值何等重大。

山澗的花朵在綻放，鑽石在閃耀，我們可以從中感受到超越了愛的存在。這個超越性的存在，已非在相互作用下所產生的，它的存在本身就是愛，這就是慈悲。無論對方在不在，都能夠體現出存在的價值。這就是超越了愛的慈悲。

總而言之，慈悲是「存在之愛」，存在本身即是愛，這個人的存在本身就彷彿愛的存在。

這個存在之愛接近了佛的境地。佛在，萬物有愛。佛的存在本身就是賜予萬物的愛。

作為「存在之愛」的慈悲，超越了在人與人之間產生的愛，因此，人們應該向慈悲的世界邁進。

第五章

八次元世界

一、何謂如來

至前章為止，我已對菩薩界以下的世界做了概括的描述。本章將說明其上的八次元如來界。

「如來」一詞，和菩薩一樣，也是佛教用語，基督教稱此境界的居民為「大天使」。

首先，我們來對「如來」下個定義。「如來」一詞的表面意思是「如同到來」。從何處「如同到來」呢？是指從「真如」的絕妙悟境而來，作為絕對的真理體現者降生世間的人，即稱之為「如來」。

雖然如來是屬於何種程度靈格的人，難以一概而論，但無疑這些人至少都是人類史上的佼佼者。

「如來」究竟有多少位呢？有一種說法是，靈界總人口逾五百億，其中如來僅有四百幾十人，不足五百，這個數字是不多的。

平均算起來，一億人中只有一位如來。若單從機率來看，譬如說，現在一億二千萬人的日本，如來也只有一位左右。然而，如來大多在弘揚大法的時期集中降世，所以未必能單以世間上的人數來計算。

但無論是任何時代，同一時代降生的如來至多只有數名，不會發生在相同的時期，有幾十、幾百位如來持肉身降生這種事。畢竟，被稱為如來的人，其存在有如巨大的山嶺巔峰。

如果像富士山一樣的高山遍佈在日本列島上，會變成什麼景象呢？高山峻嶺零星點綴在平地上，才能使整體景觀錯落有致。同樣地，人間並非處處有如來，如來僅在各時代巍然屹立。

如來競相降世之時，便是巨大文明興盛之期，在人類史上有過多次這樣的時期。拿希臘來說，蘇格拉底（Socrates）所處的時代便是文明興盛期。蘇格拉底是如來，他的弟子柏拉圖（Plato）也是如來，柏拉圖的弟子亞里斯多德（Aristotle）也是如來。在相同的時期中，還有畢達哥拉斯（Pythagoras），之後尚有阿基米德（Archimedes九次元大靈）。這些如來都曾降生在古代的希臘世界。

在古代中國，則有孔子（九次元大靈）、老子、莊子和墨子等如來，這些如來開創了古代中國文化。

在基督教體系，耶穌基督也是如來（九次元大靈），預言耶穌降世的施洗者約翰（John）也是如來。此外，在猶太教系預言者的歷史中，有耶利米（Jeremiah）和以利亞（Elijah）如來。

在佛教體系中，以釋迦牟尼佛（釋迦如來、九次元大靈）為首，陸續湧現了許多如來。

如此，諸如來為創造文化和時代的高峰，而降生到世間。祂們或是以傳法事業為目標，或是以文化藝術等為目標，積極地在世間活動，推動了時代的進程。

當如來創造的文化、文明衰落時，隨後而來的即是諸菩薩。祂們一個接一個湧現於世，促進文明的復興。當衰落期再次到來時，如來便降世再創新時代，如此循環不斷。

二、光的性質

進入八次元如來界時，首先會意識到此地有強烈的光。關於光的性質，有「佛即光，人的本質即光」、「諸高級靈接受佛的七色光，因而能夠展開各種活動」等各種說法。

何謂光？這個光，是否像陽光一樣溫暖？世人在通俗地使用「光」一詞時，往往沒有對各種不同光的差異加以區別，都統一以「光」來稱呼。因此，我們有必要再次認識佛光，並且做出明確的定義。

在思考「佛即光」的「光」是何意義時，若將其與反面的存在做對比，就能使光的性質更加清楚地浮現出來。

光的反面是「黑暗」。黑暗有「看不見、陰暗、潮濕、無希望、無氣力」等特性。

光是黑暗的相反面。光之所以為光，就是因為它能使周圍明亮。光不僅僅明亮，其中還內含著生命的能量源泉，凝聚著各種意志、意圖、性格和性質等。

在光與黑暗的問題上，自古有「一元論」和「二元論」之說；也就是說，在「黑暗是否屬於根本性的存在」這個問題上，有兩種不同的看法。

事實上黑暗本身是消極性的。黑夜，不是由於放射出了「黑暗」而形成的。黑暗是因為光明受到了間接媒介的遮蔽而形成的。另一方面，光則是積極性的存在，是能動性的存在。

無論是多麼強烈的光，如果被遮蔽了，也會產生陰影。光越強，陰影也顯得越深暗。即使點燃一萬支明燭，如果你躲藏在岩石後，這個光是照不到你身上的。因為光有「直線行進」的特性，所以障礙物能夠遮擋光。

善與惡的關係也是一樣的道理，也就是說，「善是積極的存在，惡是消極的存在」。但是，我們不能一概而論地說：「有善就沒有惡。」因為，透過某種間接的媒介，消極的存在也會出現。

雖然說「本無黑暗」，但在有光之處會出現黑暗。儘管可以說「本無惡」，但在有善之處，為了襯托善而有了惡的存在。

因此我們可以說，惡是「非積極的存在」，只是缺乏善的一種現象。「惡是因為缺乏善的媒介，而被人們視為惡」，這在某種程度上也是事實。

譬如，室內使用巨大的日光燈來照明，儘管燈光非常明亮，但室內的某個角落還是會有陰影。透明的房屋當然沒有陰影，但在普通的生活環境中，就算燈光再亮，屋內某個角落或傢俱下還是會有陰影的。

由此可見，雖然陰影、黑暗和惡並非根本性的存在，但會在人的日常生活中產生。

三、空間的本質

前一節我們談到了佛光的問題。本節將進一步探究光的性質，同時探討空間的問題。

「空間」的定義是什麼？這是人類長久以來的疑問。

一般的觀念中，「空間」指的是「長、寬、高」，只要有長、寬、高，就可以形成三次元空間。像箱子一樣的立方體就是一個「空間」——或許可以如此為空間定義。

但是在這裡，我們不能說空間只是由長、寬、高所構成，還必須認識到有四次元、五次元、六次元和七次元等高度空間，連本章所討論的八次元空間，也是實際存在的。

空間的本質，是指某種意識上的「場所」。某種能量把這「場所」當作媒介，在這「場所」的範圍之內，發生某種現象。在某種領域中有某種能量在運作，就是所謂「場所」。

「場所」指充滿了能量的地方，指能量運作之處，使能量發出本來作用力的一個必要的領域。

這便是空間本質之所在。空間不僅是由長、寬、高形成的立方體，同時也是佛光照耀和法輪運轉時所需的場所。

因此，在四次元以上的多次元空間，不適用三次元空間的定義。因為，多次元世界不是立方體，而是佛光創造各種現象，和展開各種活動所需的場所。從這個意義上講，它已是意識空間，而非單純的立方體空間。

四、永恆的時間

接下來，我們來談談與「空間」成對比的「時間」問題。大家通常認為「空間是橫向的展開，時間是縱向的延伸」。那麼，我們有必要探討「在沒有時間的狀況下，是否空間還能存在」和「時間與空間有什麼關係」這兩個問題了。

之前，我們已經對空間下了「空間是指光活動的場所」的定義。光之為光，歸根究柢是一種活動，它意味著有時間性的流動存在。

但假如時間停止不動，空間又會變成怎樣呢？時間停滯時，光還能夠運動嗎？事實是，如果時間停滯不前的話，那麼光也只能像照片上的一個光點而已了。

空間是光的活動領域，要完成這個職責，其中就必須含有時間。反之，也可以說「有了時間，空間才能存在」、「空間與時間是不可分割的，有時間才能體現出空間」、「相同場所的持續存在，即光的活動之所在」。

我們不能將「光」視作為單純的光線，將光進一步細分，就能得到最小單位

——「光子」。「光子」透過各種集合成為「粒子」。接下來，粒子構成了人的肉身和天地萬物，一切物體均由光構成。

具體來說，固定、形態化的光就成為物質，而未固定化的光，就是存在於四次元以上的空間的靈，或者說是一種靈性能量。

光創造了三次元和四次元以上世界之一切。光是存在之本。

光創造了一切，所以「光進行活動的必要的場所，就是空間」。這意味著如果沒有光的活動場所，空間也不存在。因此，我們可以說「光」和「光的活動」創造了三次元以上的多次元空間。

於是，便可推論出，若沒有光的活動時間，也就沒有空間，沒有物質和靈魂等一切，只能有像海市蜃樓一樣漂浮的空間，而沒有真實意義的空間，沒有光進行活動的空間。

光的活動，是空間存在的理由。時間，是使空間得以存在的重要因素。

由此可見，佛創造的世界，即三次元、四次元、五次元、六次元、七次元、八次元世界，是內含著時間以及有光在活動的空間。

由上可以歸結出，佛創造世界的要素，均集中在「光」、「空間」和「時間」的三個要素上。

「光」在變化中，創造著與各次元相應的物體或靈體。光的活動不但需要有「空間」作為活動的場，而且需要「時間」的流動。光的流動和到達必須經過「時間」。佛是根據「光」、「空間」和「時間」的三個要素創造天地的。

五、人類的指南針

當我們認識了人類所處的世界的本質時，就能夠清楚地明白「為什麼人類能夠得以生息，人類接受著何等的恩惠，必須如何面對人生，人生的目的在哪裡」。綜觀佛所創造的世界，發現其本質所在，這就是人類生存的指南。

人類存在的指南，即是要認識到：人類的一切都是由「光」、「空間」和「時間」這三個要素構成的。人類在佛創造的世界中獲得了孕育，因此我們有必要認識佛創造世界的意圖是什麼。

佛使用「光」、「空間」和「時間」三個要素，到底是要構築怎樣的世界呢？

我們現在把空間比喻成一個透明的玻璃箱，箱內某個角落有一道光發射出來，在這空間中反覆折射。雖然光被封閉在這空間中，但在其中不斷運動，創造出五光十色的景像，展現光的藝術。

投射到玻璃壁上的光，經過反射再折射到另一面玻璃壁，如此反覆，運動不止。

若以這種世界觀來觀察宇宙史和人類史，就能發現「光」並非偶然的產物，它很明顯地具有不斷進化的目的。以佛為根源的光是懷著一定的目的，掌管宇宙和人類的進化。

佛光的活動目的，大致集中在兩點上。第一是進化。展望宇宙、地球，回顧地球和人類的歷史，就可以發現其中潛藏著「進化」這個偉大的目標。這是任何人都無法否定的事實。

正因為在追求崇高的目標，人類才能夠得以生息，才具有了生存的價值。如果人類是為墮落而生存，就不得不懷疑人的存在意義。人類豈是為了墮落而存在的呢！

譬如，用粘土捏出某種東西，在從無到有的過程中，不是會產生愉快的感覺嗎？如果用粘土捏出大象、猴、人像，並不是為了要作什麼，僅僅又讓它還原為粘土的話，那就完全沒有意義了。從無形變為有形，這不就是進化的本質所在嗎？

人類的目標除了從無形到有形，向著更美好的事物發展、進化，還有另一個目標：「和諧」。這是一種偉大的和諧。這偉大的和諧意味著什麼呢？

假定，佛在廣闊無邊的空間，用「粘土」創造了山、太陽、地球、月亮、動植物、人類以及萬物；這從無形到有形的進化本身是非常美好的。接下來，各位或許還有一個疑問，各種被造物彼此之間，要如何井然有序地共存呢？

例如，動植物和人類之間的平衡；太陽、地球、月亮與其他星球，以及其他宇宙空間的平衡；白天與黑夜的平衡；海洋與陸地的平衡；炎熱與寒冷的平衡等等。在「進化」之後，佛接下來所考慮的便是「和諧」的課題了。

總之，回顧人類歷史之後，可以說，時光是以進化與和諧的兩大目標為中心，不停地流動的。

六、何謂法

綜上所述，人類的目標，即是進化及和諧。那麼，人類所探究、追求的真理，究竟是指什麼呢？又是如何發揮作用的呢？在此處，我們以「法」這個詞，作為貫穿宇宙法則的真理或真理體系之統稱。

在「法」中，也同樣包含著進化與和諧兩個要素。

在「法」之中，確實有著使人進步的部分。從古至今，從未有過使人不能進步的法和真理的法，今後也不可能有。

進步、進化的原理，存在於「法」的內涵中。對個人而言，「法」至少必須對個人的成熟與提高覺悟有所助益。「法」必須能夠促使個人上進。

個人的進步本身是件好事，但「個人」與「個人」之間的自由，可能會有相衝突的狀況。因此，亦需要引導人們，將個人組成共同體，大家一齊進步發展的「法」。

譬如，公司裡有某個人想當老闆，而他的同事也在想同樣的事。同一間公司裡有三個人想做老闆，這是不可能的事。

這時，就需要比較三個人當中，到底誰最有率領幾百、幾千人的領導資質。只能選出一個人來做老闆，其他兩個就沒機會了。社會上需要這種調整的原則。

也許這三個人都適合當老闆，但無論如何也需要有一個決定順序的原則，以判定A、B、C三個人的高下。

為了達到每個個人都能求上進的目的，就需要有保護整體利益的調整原則。許多宗教、道德和哲學家們，針對這種調整、和諧的原理做過各種論述。

譬如，中國儒家的孔子曾講過「長幼有序、敬老尊賢」這樣調整的原理。也就是說，如果A、B、C三個人在實力上無太大差距時，就按照年齡順序來解決誰先做老闆的問題。

這種年功序列的思想，當代的人依然在一定程度上遵守。雖然從世間的年齡，不一定能衡量出此人靈魂的成長程度，但如果在素質上差距不大，經驗較多的人智慧或許會多一些。這種假設，即是以這種思想為根據的。

當然，人們還需要具其他的觀點，譬如，實力主義的觀點，透過考試或業績來評選優秀的人材。實力主義的觀點也是一種衡量標準。

此外，還有主張「最多數的、最大的幸福」的邊沁主義（Jeremy Bentham,1748-1832），在《道德以及立法諸原理序文》中提示了功利的原理（The principle of utility）、功利主義（utilitarianism）的思考方法。約翰・史都華・米爾（John Stewart Mill）也主張這種「以更多人的利益來選擇」的思考方法。

總之，將個人的進步還原給社會，使社會整體進步，必須有調整的原則。這即是佛教中兼備了小乘、大乘的「法」。

於是，我們可以得出這樣的結論：「小乘」是個人獲得覺悟的方法論和進步的原理，非常重要。「大乘」則是建設世間佛國土（烏托邦）的方法論和調整的原則，同樣很重要。

只有將「進化」與「和諧」兩大原理，作為「法」的根本原理，使兩者協調，全體人類才會幸福。

七、何謂慈悲

接下來談有關「法」與「慈悲」的問題。

「幸福科學」的教義，除了融合個人進步與社會整體和諧的兩個原理，同時還指出了人具備追求幸福的本能。這個幸福，可分成「私的幸福」與「公的幸福」兩種。

追求「私的幸福」，即是指追求個人的幸福。追求「公的幸福」，即是指在個人建立個人小範圍的烏托邦（幸福圈）之後，向整個社會、全世界和全人類擴展，建立大範圍的烏托邦（理想鄉）；這就是「幸福科學」的中心思想。

為什麼需要追求探究私與公兩種幸福呢？有沒有任何遵循的指導原則呢？

人有追求幸福的本能，因為這是佛賜予的慈悲。

佛賜予了人們存在的目的，假若這個目的讓人類有了不幸的結果，那麼世界將是多麼悲慘啊！但是，佛在人的靈魂中注入了追求幸福的本能，所以人們自然會盡可能地去追求幸福。

這意思是說，人既然為人，靈魂本質中即有著追求幸福的性格。人自生下來起就知道要追求幸福，這是因為，人的存在是根本佛分出的「光子」。人是光子、佛子，人的靈魂中具備了與佛相同的性質。佛的性質是什麼？那即是「佛認為，透過進化與和諧所產生的巨大幸福感，是有益的。」

換言之，佛之所以能夠統括、支配和貫穿大宇宙的能源，是因為幸福的能源內在於佛。

因此，佛即是佛，其存在本身即是以幸福為立足點。

佛的幸福是指什麼呢？佛會對什麼感到幸福呢？生成、培育、發展和繁榮——萬物都在大和諧中發展、繁榮，在這過程中，佛會感到喜悅。

如果佛的存在本身是停滯的狀態，也就沒有任何喜悅了。然而佛在活動，佛體現出了「使萬物和諧、發展和繁榮」的目的，佛在這個過程中獲得了偉大且美好的體驗和喜悅感。

進而，佛本身也能向更偉大的境地轉化、擴大和發展。

「人是追求幸福的存在」、「人幸福地生活即是創造」，這便是佛的本性、佛的慈悲之體現。

八、如來的機能

下面，我們來探討如來的職責與活動。

我在《太陽之法》一書中曾經講過：「佛『平等』地創造了人的靈魂，在評價人的活動時，也以『公平』的觀點來看待。」

這個「公平」即是指，對需要指導眾人之人，給予適合他的立場、職責和力量。「如來」這樣的高境界的基礎，就是這公平的原理。

雖然說，佛子是佛光的「平等」的分身，但對於在多次轉生輪迴中獲得了偉大睿智的人，則會賜予適合他的立場，給他更大的機會去實現自己。這是佛的想法。

也就是說，如來是指能夠作為佛的代理人的人。

佛是天地的創造者，而非肉體生命。創造了廣大無邊的宇宙多次元空間的佛，是不可能擺在手掌上讓人們來認識的。

因此，「如來」的存在本身，不就是為了使人們感受到偉大的佛嗎？這也是稱「如來」的境界是「存在之愛」的體現的根本理由。

如來是「從真實世界來的」，體現了絕對真理的存在。因此，其存在本身即是對人類的愛。如來透過偉大的啟發、啟蒙，不斷地引導人們走向幸福的境地，這就是如來。如來是光的存在，是佛的化身。

人想用肉眼認佛、想徹底理解佛、完全地把握佛，都是不可能的；但人可以透過如來去推測佛的存在。如來是人推測佛、推量佛的慈悲的範本。

雖然無法直接見佛，但可透過如來感受佛的偉大慈悲和存在。

因此，如來的存在本身，即意味著履行教育的職責。如來的存在本身，就具有教化萬眾的功能。

九、論佛

若再深入探察如來的職責，那就是如來能夠論述什麼是佛，具有資格代為論佛的人，就是如來。

普通人是不具有論佛的權威的，但八次元世界的諸如來，作為偉大的光明指導靈，其立場高於普通人，並且是接近佛的境界的存在，所以容許祂們論佛。

雖說如此，如來仍不能論述佛的一切，因為佛的性質和存在廣大無邊，一個靈魂難以言盡。

因此，諸多如來作為佛的各種各樣的靈光之長，活躍於八次元如來界中。

譬如說，喬答摩．悉達多（九次元大靈）為黃色光之頂峰。以黃金色光為主的諸如來，即透過講述覺悟、法和慈悲等，來論述什麼是佛。

在以耶穌（九次元大靈）為頂峰的愛之光、白色光之中的諸如來，則是透過傳播愛來論佛。

以摩西（Moses 九次元大靈）為頂峰的紅色光中的諸如來，則是透過佛力產生的奇蹟來體現佛。

其他色光中的諸如來也是相同的情形。

以老莊思想為代表的綠色光，講述的是自然和諧；接受了綠色光的諸如來，透過大自然中的和諧之道，來教導人們順其自然便可體會佛的存在，佛即存在於和諧之中。

此外，宙斯（Zeus 九次元大靈）統管藝術，這方面的如來，透過藝術之光來表現佛姿。

在孔子（九次元大靈）統領的紫色光中，重視禮節、秩序和忠節等等。祂們透過這樣的訓育，使人明白走向佛時，需要懷著敬畏或崇拜之心，去感受佛的存在。

總之，諸如來是根據自己所屬的靈光，從各方面去論佛。

但是，人類並沒有認識到有各種不同性質的光，也不明白不同的如來在不同的光流中講述法理這件事，因而挑起歷史上的各種宗教戰爭。彼此否認彼此的立場、否認對方對佛神的觀點，視對方為異教徒、邪教，指責對方教義有錯誤等等，爭戰不休。

然而，今天的人類，應該正確地認識到諸如來是在各種靈光下活動，並體會佛是何等的存在。

十、完成之道

八次元如來界中的諸靈，是否已充分地完成了靈魂修行呢？祂們還有更進一步的修行目標嗎？

其實，即便是如來，在降生世間的過程中，也是以人的身份，在累積修行的。祂們在八次元時是專家，是體現某個靈光的偉大存在，但是在以幾百年或幾千年為週期的輪迴轉生過程中，也同樣需要見識各種事物，經歷各種體驗。祂們透過這樣的世間生活，學習自己專長之外的知識，接觸不同靈光系統的教義。

如此來看，即使是如來，也仍然處於修行悟道的途中。當然，諸如來已接近了完成的境界，這是不能否定的。

那麼，如來透過靈魂修行所追求的完成之道，到底是什麼呢？可以說，祂們努力做靈魂修行，歸根究柢是為了能夠從更偉大的統合觀點來觀察人類，觀察教義，進而觀測地球和人類的歷史等。

換言之，諸如來的修行目的，是為了獲得更高度的認識力和洞察力。

輪迴轉生這個法則，是為了使人類進化和發展，是佛的恩賜，所有的靈魂都無法脫離出這個法則。

但我們常可聽到「如來已從輪迴轉生的法則中解脫」、「脫離出輪迴轉生是成為如來的條件」等等說法，在此略做說明。

其實如來在幾千、幾萬或幾十萬年間，還是必須要輪迴轉生，但是如來能夠根據自己的意志和計畫來轉生。

相較之下，菩薩界以下的人們，則是根據需要而轉生到地上世界的，他們需要選擇適合自身修行的時代來降生。這種輪迴轉生，相當於接受義務教育。

而如來已結束了義務教育的階段，為了進一步提高社會性學習，祂們可以根據自己的想法去選擇適合的課程。

換言之，雖然義務教育已結束，但如來為了更高的目標，可以主動要求學習的機會。在學習方法和內容上，是根據自己的自由意志來決定。

如來學習的目的，是為了培養更高度的認識力和洞察力，繼續擴展觀察地球和全人類的視野。可以說，做如此偉大的靈魂修行，走在完成之道上的人，便是如來。

第六章

九次元世界

一、神祕面紗的背後

從第一章到第五章，我講述了從四次元到八次元世界的構造，以及貫穿其中的法則。迄今能夠如此條理明晰地說明靈界奧祕的人，恐怕不多吧！

九次元世界，一向被古往今來的哲學家和宗教家認為蓋著一層神祕面紗。現在，本章就針對這個世界，做深入的分析，盡可能以人的頭腦能夠理解的方式來說明。

面紗背後的九次元世界，其實就是救世主的世界。生活在九次元世界的大靈，都是救世主、彌賽亞，祂們數千年才降生於世間一次。

人類史上有過各種文明和時代，為了創造新文明和新時代，九次元大靈會分身降生世間。有些大靈在同一時代中，隔二、三千降生世間一次，有的時代則幾乎沒有大靈降生，各種情形都有可能。這是因為九次元大靈各有職責和專司的領域，根據不同的時代相互配合、降生活動，創造出文明和時代的鮮明特色。

在現代文明的進程中，作為救世主降世的著名人物，有喬答摩・悉達多、耶穌基督以及摩西。此外，還有在中國降生的孔子；雖然孔子沒有被稱為救世主，但祂也是九次元大靈。觀察上述人物，可以發現祂們的共通點，是都為人類締造了文明的原理。

二、神祕的世界

九次元世界是極為神祕的世界，雖然世間人們對於靈界的看法不一，但「九次元大靈正在逐步成為非人靈的生命體」，這個事實是毋庸置疑的。

在四次元幽界的居民，雖然也是靈體，但他們的生活狀態與在世間持肉體生活時，並無太大差別。

五次元善人界的居民，也還殘留著肉體之人的感覺，所以大多從事與世間近似的職業。

譬如，他們會做木工、學校老師、商店店員，或是製造機械設備等。也有許多人投入農業生產。在五次元世界中，有許多人從事跟世間相似的工作。

所以說五次元世界還是人類能夠理解的世界。

而進入六次元光明界時，意識逐漸提高，靈人們「神采」奕奕，所以世人常視祂們為神。但祂們在靈界生活時，通常還是有四肢五體的意識。只不過，祂們有時候也能察覺到自己為意識體，而進行意識活動；這意味著六次元光明界的靈人可以瞬間移動到所想之處。

如果是西方人，祂們有時會像背上長翅膀的天使一樣飛翔。如果是東方人，則會像孫悟空騰雲駕霧一般在靈界穿梭。由此看來，可以說六次元人們的意識，已經和肉體之人的五官意識稍有不同。

在七次元菩薩界中，依舊有人以肉體之人的姿態來修行。只不過，菩薩界人們的主要工作，是教育和引導尚處於修行初級階段的人。所以這裡多數的靈人並非安居於七次元世界，而是經常下到六次元、五次元或四次元世界獻身於各種工作，或是為了創造美好的世間，以指導靈的身份對世人做各方面的指導。

七次元世界居民縱橫無盡的卓越活動，意味著祂們的生活形態已有別於肉體之人，具備了更高的自我意識與自覺。

只不過，七次元世界的人在客觀地觀察自身時，仍需要依循生前四肢五體的記憶來認識自己。

但進入八次元世界時，情況就不同了。八次元世界的居民，有時以指導靈之姿出現於世間，指導世上的宗教。那時候，祂們會以各種神明的姿態出現在世人面前。譬如，天御中主命（編注：日本《古事記》中記載，天地初開時最早出現的神明）作為「生長之家」的大神時，是以白髮老人的模樣出現的。

然而八次元的靈人返回靈界生活時，就不是這種模樣了。祂們的肉體意識已逐步消失。

如來界的靈人，在相互交流時，為了易於認識彼此和溝通意識，或許會現出人的姿態來。祂們能使自身靈體自由分化，做各種各樣的形態變化。

如來可以使用意識體的一個部分進行各種活動。《西遊記》中孫悟空只要一吹一根毛髮，就能變出大象或者是自己的分身。八次元世界就是這樣的世界，如來利用自己一部分的意識體，就能進行各種活動。

八次元的靈人，無論到哪裡都能做分光。雖然是為了同一種目的，但能以無數的分身來進行。

八次元世界之上，則是神祕的九次元世界，這個世界是難以理解的。九次元世界中有十位大靈，或者說，有十個具有個性的巨光。

因此，九次元大靈在與我交流時，多是顯現祂們曾在世間生活時的個性和形態，但祂們在靈界時是無形無姿的。

要解釋這件事實在是非常困難，我試著用比喻來說明。譬如說，九次元世界有十個具有特色的電池，每個電池的正負極上都接著電路，在這條電路上串連著許多燈泡，通了電，燈泡就會亮。某一個燈泡是拉・穆（La Mu），旁邊的燈泡是利安托・阿爾・克萊德（Rient Arl Croud），接下來是海爾梅斯（Hermes），隨後是喬答摩・悉達多等。

雖然有許多燈泡，但實際上是一個電池發出的電流在電路中流動，只在必要時才用不同顏色的燈泡放射不同的光。

三、九次元大靈之真實樣貌

九次元大靈的真實樣貌，究竟是什麼樣子呢？

九次元大靈並非如小說中描寫的，居於宮殿、高高在上、冠冕堂皇。

九次元大靈是透過電磁波、能量體、意識體來活動的。當其意識體之一的燈泡發光、現形時，人們才能察覺到祂們的存在。

譬如，耶穌雖是九次元大靈，但祂並非以被釘在十字架上那削瘦長髮的模樣生活在九次元，而是一個具有耶穌特徵的光團。在有必要的時候，祂也會前去指導世人或八次元以下的靈人。

只不過，耶穌在指導八次元諸如來和七次元諸菩薩時，還是以生前的姿態顯現，讓人們易於辨識。

雖說如此，能看到耶穌之姿的，仍至少是六次元以上的靈格。六次元以下的世界，即使耶穌出現，也會由於顯現的光過於耀眼而辨認不出。

換言之，不同次元的意識體，在光量上也不同。

這個光，還不是單純的光，還是具有特色的光，譬如黃色、白色、紅色、綠色等各種光束。這就是九次元大靈的真實樣貌。

為了便於世人理解，這裡使用了有顏色的光來說明。但是，實際上在九次元世界中，連顏色也沒有。

世間也是如此。其實，顏色是不存在的。某個物體肉眼看上去是藍色，但其實只不過是太陽光中的藍色光反射的結果。如果物體把光全部吸收掉，就都變成黑色了。反之，將光全部反射出來，就成了白色。同理，黃色光的反射，就使物體顯出黃色。

「本無色」，是指無光則無色。只有構成了物質的粒子反射出太陽光的顏色時，人才能看到顏色。

如果顏色是一種實際存在的話，那麼，即使在黑暗中也能顯出顏色。但在全然的黑暗中，是沒有任何顏色的。

總之，不同的顏色，只是物體反射出不同波長的光而造成的現象。若無光，則無色。

四、宗教的本質

下面，我們來探討何謂宗教的本質。

在說明八次元世界時，曾談到過「佛光進行光譜化後，形成了各具特色的教義。諸如來對佛神的認識各有不同，因而形成了各種宗教。」

為什麼要有區別呢？宗教只有一種的話，不是比較好嗎？所有的宗教都講同一個教義，這樣的話，人們也不會為了教義的差別而迷惑，既不會產生歧見，更不會有宗教戰爭。或許會有人這樣認為。

但我發現這種想法是錯誤的，而且有危險。千篇一律的教義，就好比所有人都穿同樣的衣服一樣，能真正地滿足人們嗎？

譬如，行駛在路上的汽車，不也是五花八門嗎？製造廠商不同，顏色不同，大小不同，耗油程度也不同；有豪華車與廉價車的分別，有新舊的差異等等。人們可以根據自己的喜好和能力選購汽車。

為什麼需要這麼多種類的汽車呢？因為，汽車並非單純的運輸工具。如果汽車只是從A地到達B地的工具，世上的汽車全部一樣也無所謂。但是，汽車是附帶著其他用途的。

某種程度上，汽車充滿了各種象徵。譬如，汽車象徵了車主的資產狀態和興趣。有人把汽車作為實用工具，有人把車看成是裝飾品和趕時髦的消費品。

男生有男生喜歡開的車，女生有女生喜愛開的車。此外，還有車速快慢，廠牌差別，有四門的車，有五門的車等等。因此，很難一概而論哪種車最好。

當今，各種宗教此起彼伏令人眼花繚亂，但要問「哪個宗教最好」，就好比是在問「哪種汽車最好」似的。

當然，通常可以回答說「越貴的車越好」，或者具體地比較哪部車比較高級、性能優越，但未必所有的人都會喜歡這種車。不同的人有不同的愛好，是一件好事。

佛教中有「小乘」和「大乘」，「乘」為「乘物」之意。小乘和大乘，是指小的乘物和大的乘物。

小乘即小型汽車，只能自己一個人乘坐。大乘即大型汽車，能容納許多人。

也就是說，宗教界中也有小型汽車和大型汽車的不同；兩者之間的差異，就顯現在能運載的人數和運載的方法上。

大概不會有人把大型巴士當作日常家用車吧！大巴士能容納幾十個人，不適合個人使用。

歸結起來，車子有大、中、小等不同車種；在宗教中，也有適合不同人、不同風土民情的各色教義。

譬如說，在以鬥爭和破壞的沙漠地帶，需要「制裁之神」顯現，講授正義的教義。在溫和的東方地區，則需要和諧的教義。此外，為了創造近代性的西洋文明，則需要將真理以哲學的形式出現。

無論採用何種形式，目的都是一樣的，都是要從A地移動到B地，只不過是在其間備有各種各樣的交通工具而已，人們可以從中發現喜悅和人生的意義。這是佛為人鋪設的心靈修行之路。

五、七色光譜

人們常說「佛光七色」，事實上也的確如此。在九次元世界中，佛光分為七色，透過八次元以下諸如來，表現成十幾種至二十幾種的光。

在這裡，我要列舉受持七色光的九次元諸大如來。

受持黃色、黃金色光的中心光線的，是喬答摩．悉達多（釋迦牟尼佛）。佛陀的黃色光是法之色，或說是慈悲之色。

受持白色光的是耶穌基督。耶穌的白色光是愛之光，醫療系靈團歸屬於耶穌的白色光系。醫生和護士穿著白色衣服與此一致也許出自偶然，但暗示著他們從屬於白色光系列。

紅色光的負責人是摩西。摩西的紅色光是指導者的光線，是使社會趨於規律的政治指導者的光線。此外，紅色光的別名是奇蹟之光。各種奇蹟現象，都是紅色光的運作而產生的。

此外，還有藍色光。這是與哲學思想相關聯的光線，負責藍色光的並非一人，而是兩個人。

一位是曾在希臘誕生的宙斯（Zeus），宙斯降世時，主管文學和藝術。藝術之光中雖也有綠色光，但其中一部分從屬於藍色光系統。

另一個藍色光的負責人是摩奴（Manu）。在印度，祂被稱為人類的始祖，創造出規範婆羅門的日常生活《摩奴法典》（Laws of Manu），祂就是這派思想的創始人。這位九次元大靈除了擔負思想系統的職責，也還兼管其他各種特殊的使命。現在，祂負責統合跨地域性的思想信條，如人種問題。

此外，還有銀色光。這是科學、近代化文明的光線，負責分光這銀色光的，是九次元如來牛頓（Newton）。

牛頓的靈魂生命體，曾以阿基米德（Archimedes）之名誕生在希臘。這位九次元如來擔負著銀色光的職責，以科學家的身份誕生在世間，為了使世間和其他次元的人們在科學上有所進步。

在牛頓的生命流動系統之中，還包括八次元如來界的愛迪生和愛因斯坦。

隨後是綠色光。它主要掌管調和的光線，綠色是老莊思想之色，是大自然之色，是和諧之色。這個光色的負責人，是先前所講過的摩奴，以及講述善惡二元論之拜火教的中近東之神——鎖羅亞斯德（Zoroaster）。祂們教義的核心，是大自然、宇宙的構造與和諧。

此外，尚有紫色光。紫色光是誕生於中國的孔子之光，主管道德之道、做學問的方法、禮節和秩序等方面。為了管理上下關係，孔子將這紫色光進行分光。

此外，在這紫色光的流動系統中還有日本神道。

如此，九次元八位大如來受持七色光。但大如來共有十位，其餘兩位的具體職責是什麼呢？祂們都進行著怎樣的活動呢？

一位是恩利勒（Enlil），祂在沙漠地域被稱作耶和華（Yahweh）。祂履行了以色列民族神的職責，在東方被視為眾神之首，受到人民的敬畏。

另一位是彌勒（Maitreyer），祂擔負著調整的職責。彌勒將光進行光譜化，調整光的強弱等。

六、釋迦的活動

九次元大靈當中的核心存在，即是喬答摩．悉達多，亦即降生於印度的釋迦牟尼佛之「生命體」。不過，以釋迦（釋尊）的身份降生世間時，他的能量大約只有本來的佛陀意識「愛爾康大靈（El Cantare）意識」的五分之一而已。釋迦意識巨大的生命體，位於九次元世界。

釋迦生命體的起源極為悠久，是地球系中最悠久的靈。釋迦能給人類極大影響的理由之一，即在於其生命體有極為久遠的歷史，始於地球的草創時期。

雖然是最悠久的靈，但總是積極從事各種活動，曾經多次分出自己的意識體之一降生到世間，指導人類的進程。

此外，釋迦意識還是擔負著地球系靈團的最高任務。在這個事實之上，說「釋迦意識之性格創造出了文明的性格」，也絕非言過其實。

釋迦的靈魂生命體，在過去曾以拉．穆（La Mu）之名誕生在穆（Mu）帝國；也曾以托斯（Thoth）之名誕生在亞特蘭提斯（Atlantis）帝國；以利安托．阿爾．克萊德（Rient Arl Croud）之名誕生在印加（Inca），以海爾梅斯（Hermes）之名誕生在希臘。我在《太陽之法》一書中，對此有較詳細的記述。

釋迦的活動中心是創造「法」，所以，在追尋世上各種宗教、哲學思想的根源時，必然會歸向釋迦之法源。也就是說，釋迦之靈在靈界的思考，會在世間透過各種形式體現出來。

釋迦的本體意識，在九次元世界稱之為「愛爾康大靈意識」。若探究「法」之根源，最終會連接向愛爾康大靈意識。釋迦意識是偉大的法意識，是統管人類之「法」的意識。

七、耶穌的活動

接下來，也要對耶穌基督做簡單的說明。

當然，以耶穌的知名度，幾乎不需要再多說明什麼了，祂也是在地球靈團草創時期活躍的九次元大靈。

耶穌的活動是以「愛」為中心。當今，「愛」已是普遍的教義，不僅在以基督教為國教的國家，在其他各國也廣為傳播和弘揚。這表明耶穌具有何等偉大的力量。

耶穌九次元意識之別名是「阿伽沙（Agasha）意識」。阿伽沙是曾在亞特蘭提斯（Atlantis）末期降世的光明大指導靈。因此阿伽沙之名常被使用，有時也把地球系靈團稱為阿伽沙系靈團。

耶穌的生命體，大約在一萬年前左右，以阿伽沙之名誕生在亞特蘭提斯，在七、八千年前以奎師那（Krishna）之名誕生在印度，在四千年前以庫拉里奧（Clario）之名誕生在埃及，此外還透過各種形式從天上界給予廣泛的指導。

耶穌的思想活動核心是「愛」，而釋迦的核心則是「法」。如果以人的身體來比喻，人除了有頭腦和神經系統，還有通向人體各部位的血管；耶穌的活動就是在血管中流動的血液。

如果說釋迦將血管有組織地分佈到全身，那麼耶穌就是心臟的跳動，不斷地向四肢輸送血液。

心臟停止了跳動，人體就動彈不得。同樣，如果沒有耶穌的活動，地球系靈團的人們就會相互爭執、憎恨，像一盤散沙。

耶穌負起了驅動心臟，將愛的血液輸送給全人類的職責，所以人類有了「應該互愛」的意識。

耶穌是「互愛、結合」的偉大力量的體現者，而且，從幾億年前起到今天，從未停止過這樣的活動。

此外，耶穌的愛還體現於醫療系靈團上。耶穌是這個醫療系靈團的領導者，歸向耶穌靈流的靈系團體相當強大。

實際上，白色光的「愛之光」的靈界人口極多，理由之一是耶穌在過去曾幾度降生世間，傳播了愛的教義。實踐愛的教義的靈界人口相當多。

在耶穌活動的靈流中有七大天使。我已講過，七大天使是隨同恩利勒（Enlil）之靈，於地球草創時期與眾多靈魂生命一同來到地球的。這七大天使是耶穌的弟子。

七大天使是：米迦勒（Michael）、加百列（Gabriel）、拉斐爾（Raphael）、

拉貴爾（Laguel）、沙利葉（Saliel）、烏列（Uriel）和帕奴伊爾（Panuel，於路西法Lucifel墮入地獄之後昇為大天使）。

米迦勒為天使之長，負有率領眾人的責任，被賜予阻止撒旦等地獄靈黑暗活動的巨大力量。

加百列天使承擔著通信的職責，在各時代和文明中擔任了許多具體的工作。

拉斐爾負責著從藝術領域傳達愛的職責。

沙利葉天使是醫療系團之長，實踐耶穌有關醫療的具體教義，治病救人。祂在佛教系統中有時以藥師如來之姿態顯現。祂的近年降生之身，名為愛德加·凱西（Edgar Cayce）。

烏列天使主要掌管政治領域。

八、孔子的活動

此外，還有誕生於中國的孔子，祂是一個比較獨特的生命體。我在其他著作中已說明過，孔子主要是學問之神。學問是一種從高向低的流動。孔子的訓誨，主要以秩序為主。

「秩序」是達到和諧的方法論。前文已講述過，「人類以進步與和諧之兩大目的進行靈魂修行」，要達到和諧，「秩序」至關重要。

在孔子的學說中有講述到，支配與被支配的關係、權力與服從的關係等，但祂主要的教誨是「近佛者為上，拒佛者為下，如何創造與佛心相應的秩序」。「如何透過學問、道，創造出井然有序的世界，創造出與佛心相應、有秩序的世界」，就是孔子主要的思想。

在九次元世界中，有釋迦管理頭腦這個指令系統中樞，完成分配人體血管的職責，有耶穌負責輸送血液，也有設計秩序和調整人際關係的孔子。

回顧悠久的人類歷史，由於孔子不辱使命，才令社會整體有序，同時也讓靈界上下井然，孔子對此貢獻非凡。

九、摩西的活動

上文講述了釋迦、耶穌和孔子，接下來要介紹領導以色列民族的摩西。摩西的靈格與耶穌和孔子幾乎同位，主要負責奇蹟現象。

體現佛力有各種方法，其中一個是產生奇蹟。特別是以世人的常識無法解釋的奇蹟發生時，人們便能夠從中感受到佛力的存在。

譬如，摩西劈開紅海，以及受天之光刻十誡於石板等奇蹟，民眾為之敬服，感受到了偉大的佛力。紅色奇蹟之光，是為了使人醒悟到佛的存在。摩西，就是掌管紅色光之大靈。

現在，釋迦在九次元世界為陣前的指揮者，主要致力於構築新文明、新時代。耶穌負責天上界的指令系統，孔子則正為宇宙中的人類和地球如何進化，做著龐大的規劃。

摩西現在的職責，是如何消除在這一億年左右的歷史中形成的地獄界。

十、展望行星意識世界

以上是十位大靈在九次元世界的主要活動。

九次元七色分之光源從何而來呢？答案是來自十次元世界。十次元世界即是「行星意識」的世界，說這個世界中有「居民」是極不確切的。因為，持有人靈特色的存在僅到九次元世界為止，十次元世界的靈已不是人靈了。並且，這些靈從未降生過世間，從未持過肉體。

十次元行星意識，在地球系中有三體意識。

首先是「大日意識」。大日意識統負責積極性的一面，是促進地球進化的意識體。

其次是「月意識」。月意識統管著地球的優美、藝術、滋潤和陰性的一面。

「大日意識」的陽性和「月意識」的陰性結合，使地球展開了二元性的世界。在陽性世界中本不存在的陰性世界，在月意識的影響下顯現了出來。譬如，相對於男性來說有女性；相對於光來說有影；相對於白晝來說有黑夜；相對於山來說有海等。如此，月意識主要擔任優柔面的職責。

另一意識體，即「地球意識」。地球生命體本身已經歷了四十六億年的時光，養育了地球上的生物，使萬物生息。具體來說，地球意識在造山、火山爆發、陸地移動、地殼變動、動植物的繁衍生長等方面發揮作用。

長期以來，三體意識養育著地球，給予地球的進化極大影響。

在十次元世界之上，更有十一次元太陽系世界。太陽的意識體位於十一次元世界，此為恆星意識。

繼續往上展望，還有十二次元銀河系意識；而十三次元是超越了銀河系，位於浩瀚宇宙中的大宇宙意識。人類無法理解、偉大的根本佛的世界，即是如此延伸下去的。

人具有無限的目的，走在無限進化的過程中，為了實現進步與和諧，而不斷努力。這就是與人關係至為密切的世界真相，是人類生存的指南和目的。

本書《永遠之法》全六章，主要論述從四次元到九次元的靈界。文中明確解說了靈界的實相、點明了世界不僅僅是三次元的世間，以及人的本質是靈等等的世界觀。

「以這真理知識為堅實的基礎，鼓起勇氣開拓人生」，就是我對讀者的殷切期望。

後語

自本書問世至今，「幸福科學」已獲得了奇蹟性的躍進。這說明宗教性的發展動力內含於大法之中，證實了本書所言是絕對真理（真如），同時也是我作為真理體現者之證明。

本書之真實性，將在今後「幸福科學」傳揚佛法真理的過程中，在向世界普及的歷史中，以及在永世傳承之中，必能得到證明。

本書所述之真理，若非居於九次元根源世界的人則不能講述，睜開了心靈之眼的人當可明白這一點。若將禪心悟語比喻為庭院中的奇山異石，那麼，本書所開示之覺悟境界，遠遠高於珠穆朗瑪峰，是人類的祕寶，也是愛爾康大靈賜予人類最大的慈悲。

幸福科學集團創始人兼總裁　大川隆法

The Laws of Eternity
永遠の法

2006年，「永遠之法」拍成了動畫電影，

將文字化為適合闔家大小一起觀賞的故事。

隨著四個對生命充滿探索熱情的年輕人，

讓我們踏上不可思議的靈界之旅，

超越時間與空間的限制，

逐步揭開隱藏已久的宇宙真相。

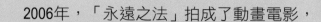

，到靈界一探究竟！

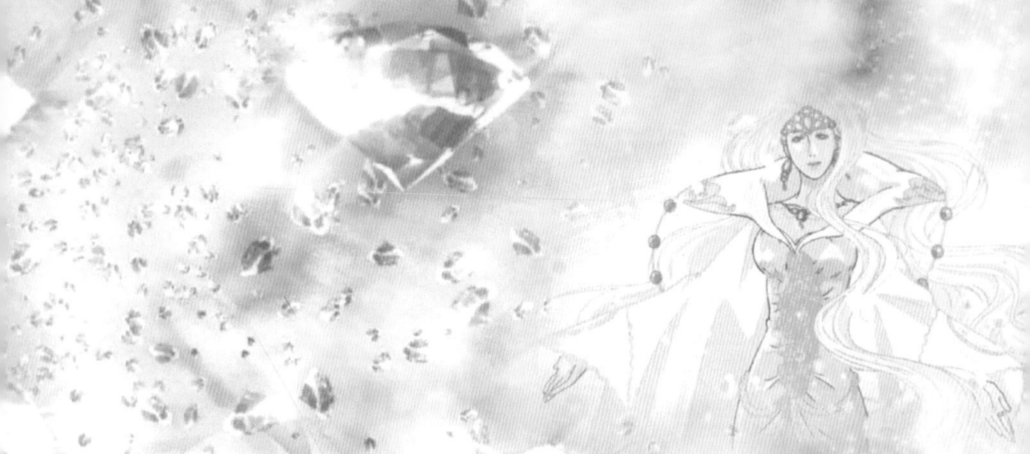

在這部以「融合科學和靈界思想」的電影中，
探討了許多問題。人死了以後，
會變成什麼樣子？天國和地獄，真的存在嗎？
神、佛，也真的存在嗎？
許多人以為「靈界」等於「不科學」，
孰知，靈界才是最先端的科技領域⋯⋯

來吧！超越次元的隔

電影將四次元到九次元的靈界，
以大眾容易理解的具像畫面呈現出來。
其中有人死後首先前往的四次元幽界、住著精神性覺悟者的第五次元善人界、屬於各個領域領導者的六次元光明界、體現佛心者的七次元菩薩界、創立各個文明時代高峰之人的八次元如來界，以及靈界神秘面紗之後的九次元宇宙界。

靈界通訊機傳來愛迪生唱「梅莉的羊」的歌聲。據說當初他發明留聲機時，就曾錄過這首歌。

夏瀨夕子：隆太的青梅竹馬，就讀於宗教學校，是個很有靈性的女孩。

派屈克：科技研究社社員，個性冷靜，不輕易接受靈界之說。對隆太有點嫉妒。

印地安女巫師：在紐約街角攔下隆太等人，傳達愛迪生要給他的訊息。

在不久的未來

隆太和派屈克、羅伯特三個高中科技研究社的同學，暑假時來到紐約參觀愛迪生博物館，竟從一個印地安女巫師的口中，接收到了愛迪生從靈界傳來的訊息！其實那就是「靈界通訊機」的設計方法⋯⋯。

三個男生半信半疑，回到日本後，在好友夕子協助下，按照愛迪生傳來的方程式造出了能夠與靈界溝通的機器。

就在第一次啟用時，愛迪生的聲音又出現了！這次，偉大的愛迪生竟向他們說⋯⋯

四個人鼓起勇氣，踏上了一趟不可思議的靈界之旅⋯⋯

羅伯特：科技研究社社員，個性熱心開朗，是隆太的死黨。

星川隆太：科技研究社社長，崇拜愛迪生，對科學與人性等問題非常有興趣。

，朝未知飛去！

四人懷著忐忑的心情，準備開始啟用靈界通訊機。

靈界通訊機啟動，四人踏上了不可思議的旅程……。

啟動靈界通訊機

隆太等人在紐約遇到了謎一般的女巫師，接到了謎一般的訊息，似乎預告了他們的人生會有重大的改變……

按照愛迪生的指示，在四人通力合作下，「靈界通訊機」終於大功告成了。

構造。

9 九次元宇宙界：

覆蓋著神祕的面紗，是救世主的世界。

8 八次元如來界：

如來界住著許多科學家，研究著各種促進人類福祉的科技。此外，也住著歷史上最具影響力的偉人們。

葛多伊古魯：法力甚高的大巫師，帶領隆太等人遊覽靈界。

界：

屬於以愛與奉獻為生命意義、指導人們的天使與菩薩的世界。

南丁格爾：生前創始護士制度，促進近代的醫療體制誕生，充滿了愛心與奉獻情操的偉大女性。

海倫凱勒：生前克服眼盲、耳聾、口啞的殘疾，成為知名的勵志作家，鼓舞了無數處於困境中的人。

德蕾莎修女：終身奉獻給赤貧中的人們，獲得諾貝爾和平獎的偉大修女。

四個年輕人，在大巫師葛多伊古魯的帶領下，開始了驚呼連連的靈界之旅。從人死後首先會前往的四次元幽界開始，他們逐漸明白靈界是多次元構造。覺悟越高的人靈，居住在越高的次元中。

隨著悟性的不同，居住的世界也不同

靈界是多次元

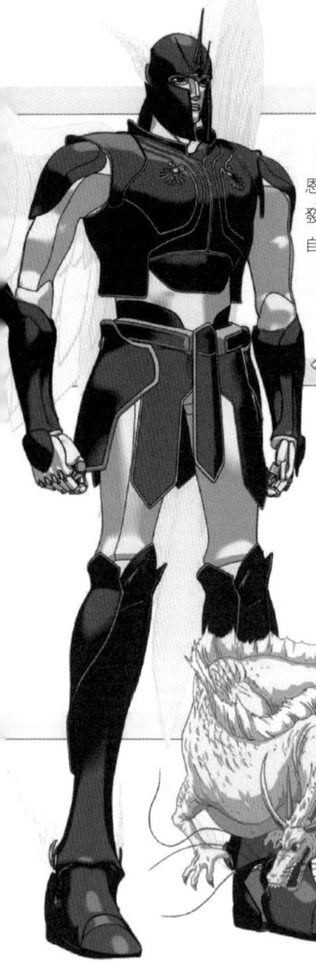

恩傑魯Ｘ１：愛迪生在靈界發明的機器人，它的動力來自隆太和夕子的愛與信念。

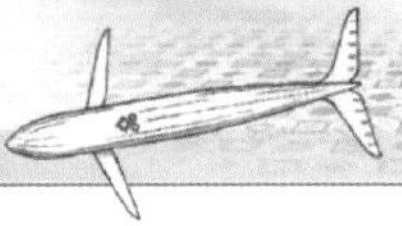

愛迪生：最偉大的發明家，生前曾經嘗試製作「靈界通訊機」，也是這次邀請隆太等人遊覽靈界的主導者。

促進世界繁榮的企業家們。

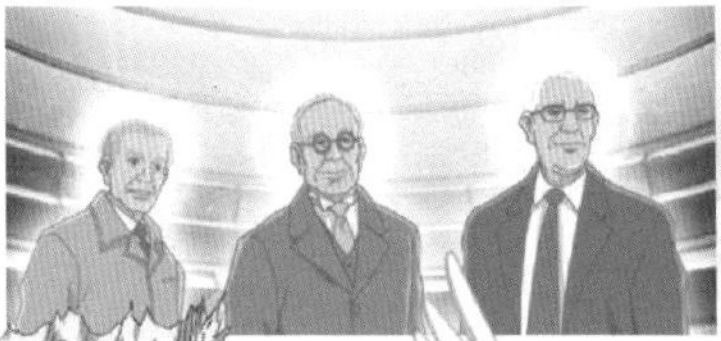

7 七

6 六次元光明界：

住著在各領域貢獻卓著的領導人物。

5 五次元善人界：

住著心懷善念、已有覺醒的人們。

地獄界：

尼采司：在世時鼓吹「上帝已死」之說，讓人們走上背反神佛的道路。

歇斯特勒：在世時為獨裁者，殺生無數，心懷怨憤。死後成為惡魔。

比西摩司：舊約聖經中出現過的怪獸，象徵地獄之邪惡勢力。

4 四次元幽界：

剛往生的人首先會前去的世界，在此人們會先熟悉靈界生活。

會到什麼地方?

上天堂

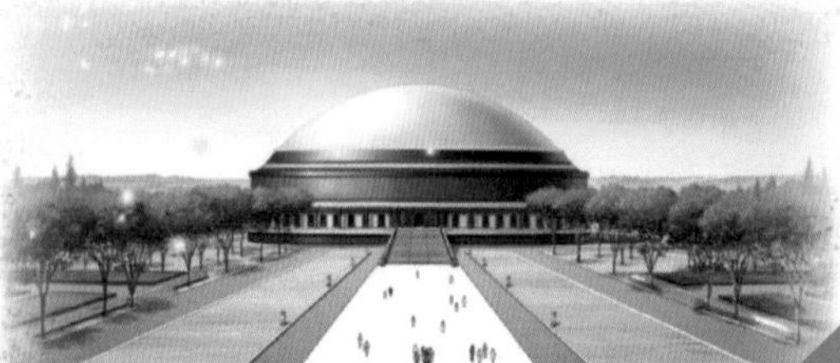

人生電影院

在此上映一部名為「人生」的電影
此人生前所思所想、所做所為，都會在觀眾面前一五一十地播放出來。

有的人在播放完畢後，獲得眾人的喝采

●自己決定自己的去路

也有的人接受了「陪審團」嚴格的判決，為了充分體悟自己內心的醜惡，決定……

下地獄

人生電影院中，亡者在親友的環繞，像看電影似的看完自己的一生。完之後，決定亡者是要上天堂還下地獄的，是亡者本身的心境。

許多傳統宗教中，有閻羅王之類的裁判者，但在現代化的靈界中，已經以人生電影院來取代了。

人死之後，究竟

隆太等人進入靈界後，首先來到四次元幽界。

在這裡，他們看見人的靈魂在死後，必須先渡過冥河，放下所有執著；接著前往人生電影院，像看電影一樣觀看自己過去的一生。這時候，便會決定他是要去天國，還是地獄……

冥河

因為放不下執念，差點溺水的人

有人可坐船渡過冥河

靈魂與肉體有一條「靈子線」連接著，通常心臟停止跳動24小時後，靈子線才會斷掉，此時方才是肉體生命真正的「死」。

渡冥河時，執著心強的人，會想要撿河底的金錢、珠寶，但反而溺水；但也有沒有執著的人，輕鬆地從橋上走過。

連羅伯特跟派屈克，也是第六次元光明界的居民?!

開啟此處的鑰匙，就是對人生的「夢想」與「理想」。這個次元中，存在著政治、經濟、科學、教育、藝術、宗教等領域的傑出人才。

羅伯特跟派屈克探訪了這個次元後，便明白了他們從此處降生到人間的使命……

六次元的覺悟，即是知道靈界當中存在著一道「神聖之光」。在這個次元當中，不管是研究何種科學領域的人，都知道「人類以及靈魂，皆依那一道神聖之光而存在」。對此否定之人，是無法存在於這個世界的。

人擁有永恆的生命，有許多前世與來生。但一旦轉生，就會忘記前世的事情。如此一來，每個人在世間磨練、學習到的事情也就會更多。

在靈界，也有各種先進的研究，例如不會污染環境的純淨能源。研發出來之後，就會將靈感降給世間的科學家。也許，科學家也是通靈者？

為了讓人能在世間有豐碩的學習成果，每一個都配有一位守護靈。守護靈會和自己同喜共悲，就像兩人三腳似的關係。

六次元的人靈對羅伯特說，他是為了將靈界的研究成果帶到世上而降生。同樣地，每個人都有此次轉生的「人生計畫」。

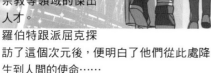

五次元善人界，竟與人間的田園風光如此相似！

心中充滿著愛與感謝，靈魂已覺醒者的世界。
這個世界有牧歌般的風景，人人臉上掛著溫暖的笑容，品味著幸福的生活。

靈界是個「心念即真實」的世界，只要你真心地想，就會成真，連飛行也是有可能的。

住在五次元世界的人們，多半從事跟生前一樣的工作，但因為是以感謝之心在勞動，成果也特別豐碩美味。

五次元的居民，對於自己被賦與的一切都心懷感謝，如同電影的描述，頭上皆散發著後光。

薩界大門，其實是窄門？

七次元的菩薩界中，除了科學家，還住著許多女神。隆太見到了傑出的企業家，夕子則見到了以無私的愛奉獻於人間的女神們，包括南丁格爾、海倫凱勒、德蕾莎修女。

天使的任務，是要將靈界的真相傳達到人間，例如去說服不能接受死亡的亡者、指導人們的工作，或到地獄拯救墮落的靈魂。

在靈界的女神，可以自由轉換容貌，所以看起來是如此地年輕貌美。

神們教導夕子，對天使而言，人們的幸
就是自己的幸福。在神的旨意下付出
，就是幸福。

看起來宏偉的七次元菩

看起來廣闊宏偉的大門，並不是每個人都進得去。
到底是什麼樣的人，才能進入窄門？
答案是：「要具備天使的條件」！
為了達到這個標準，四人接受了照顧病患的任務。結果，仍然只有兩個人通過這道窄門……

這次任務中，羅伯特和派屈克失敗了。因為，他們在照顧病患時，並非真心付出、不求回報，而是在心中想著「我這麼辛苦，一定能通過考驗吧。」

在七次元中，隆太見到了打造出繁榮日本的偉大企業家松下幸之助。實踐了社會責任的企業家，便具備了天使的條件。

在七次元中，愛迪生說明了他的前世。他先是發明紙張的中國科學家蔡倫，後來轉生到西方，以古騰堡之名發明了印刷術。

，才能進入菩薩界

南丁格爾對夕子說：「好久不見了」。原來，夕子轉生到世間前，是住在女神界。

具備「天使條件」的人

進入第七次元後，隆太和夕子分開了。隆太見到的是愛迪生，以及對社會有功的偉大企業家。

夕子來到一個湖中的殿堂，見到了多位美麗的女神。她們以無私的奉獻和廣闊的愛，帶給世上的人們幸福。

著兩人的會是什麼?

來到如來界，見到了頂尖科學家的如來們，就會明白「科學與靈界的融合」是什麼意思。在這裡，連時間這種絕對的標準都有可能改變。

「但是，到底佛為什麼創造這個世界？」要回答這個問題，就非得到九次元不可了。

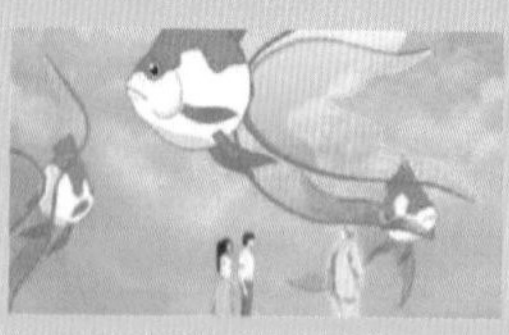

在靈界，並沒有線性前進的時間。「過去．現在．未來」乃是一體。在這個理論之下，據說30世紀時將會發明時光機。

八次元如來界，等待

如來界中不只有宗教家，還包括了像愛迪生這樣的頂尖科學家。隆太和夕子搭上了愛迪生在靈界發明的「靈界電梯」，從七次元往八次元上升，見到了巨大的黃金沙漏。原來，此地的科學家們，正在進行與時間相關的重要研究。

八次元的靈，領悟了「一即多、多即一」的道理，能夠以分身的方式進行同時許多工作。

獸與機器人的決戰！

羅伯特和派屈克看到隆太和夕子進入了七次元，自己卻被拒於門外，不禁嫉妒起來，破口大罵。但在靈界，心念即真實，起了惡念的兩人立刻墜入黑暗的地獄！

隆太和夕子接到消息，毫不猶豫地趕赴地獄，只為了救兩個最親愛的朋友……

代表黑暗勢力的魔獸，和象徵光明力量的機器人，就在黑暗的地獄中展開殊死決戰！

尼采司叫囂著「上帝已死」，鼓吹著不相信神佛的人，一起來創建新世界。他也試圖向隆太洗腦，希望吸收具有領導者特質的隆太投奔他這邊。

為了協助隆太，來自靈界的機器人恩傑魯X１前來馳援。隆太領悟到以自己的意志即可操縱恩傑魯X1，於是運用意念讓恩傑魯X1對抗魔獸。這個機器人，也是愛迪生所發明。

地獄界，竟然發生了怪

地獄是個怎樣的地方呢？在色情地獄中，有許多亡靈在血池裡痛苦地翻滾著；餓鬼地獄中，許多皮包骨的靈魂在痛苦地呻吟「想吃啊、想吃啊」；生前講述錯誤思想、宗教之人，死後將墜入無間地獄。

以永恆生命的觀點來看，存於地獄的時間並非是永遠的，地獄不過是個修行的場所。只要做足了反省，回復了原本的善心，就有可能回到天國。

在機器人帶著隆太等人衝出
時，惡鬼追兵緊隨而來，驚
分！幸而天使大軍降臨，將
封存於地獄之中。

次元宇宙界的祕密」？

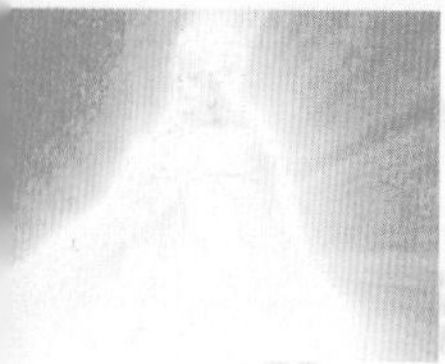

乇·阿爾·克萊德，7000
·古代印加帝國國王

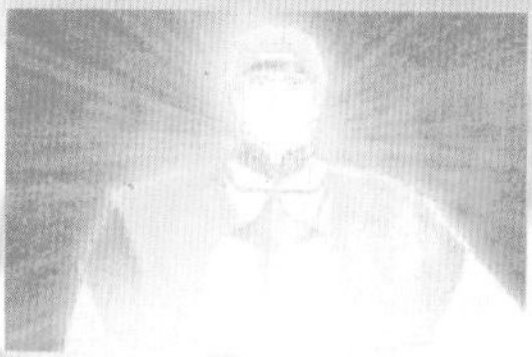

托斯，12000年前，亞特蘭提斯文明的指導者

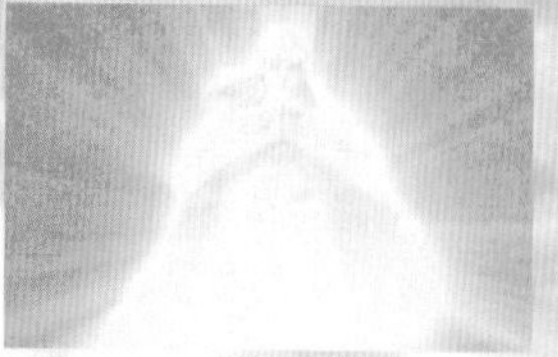

拉·穆，17000年前，穆帝國最高的宗教家與政治家

電影《永遠之法》片尾主題曲〈永恆的不可思議〉

作詞：大川隆法　靈示：喬答摩·悉達多

過去是何時開始　未來又何時終止　這星球為何而轉　又為何分出晝夜　這肉體代表我嗎
看不到的靈在何處　人為何要轉生　又為何必須死　病時感受痛苦　幸福夢在持續
難道那是無法實現的理想　難道那是我心中的執著　如果能擁有永恆的生命　但願捨棄一切
啊 永恆的靈界 奧妙無窮　夢就是真實 真實就是夢
科學的前方是什麼　科學的前方是未知　未知的前方是什麼　未知的前方有光明
光明就是佛的生命
啊　令人憧憬的九次元世界　愛之神 勇氣之神　智慧之神 發展之神　靈界的發明之神
祂們創造了如此奧妙的世界

九次元中強烈的光線，就像太陽一樣強烈，人類想接近，簡直是有勇無謀。而隆太和夕子是為了探究永恆的真相，奮不顧身……

在此，隆太瞥見了永恆的真相。地球上的所有生命皆接受著上天無限的愛；而我們的生命和跟時間一樣永恆。這一切帶給隆太滿滿的勇氣，回到人間繼續努力！

人類首次窺見的「九

喬答摩．悉達多，2600年前，祂曾降生於印度，悟得了人類的最高悟境

海爾梅斯，4300年前，古希臘文明的締造者

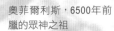

奧菲爾利斯，6500年前
臘的眾神之祖

終於，隆太與夕子來到了神祕的九次元宇宙界。
宇宙界的強烈光線凡人承受不起，靈魂或許會因此消滅。但隆太和夕子為了探究生命的真相，決定就算犧牲生命，也要一窺究竟。
於是他們搭著新型的靈界電梯，穿越刺眼的強光，穿越次元的界線，終於邁進九次元——宇宙界。

九次元的莊嚴、明亮，超乎人類的想像。隆太他們見到耀眼的七色光，包括白色光的耶穌基督、紫色光的孔子、紅色光的摩西，與銀色光的牛頓等等。全世界的偉大宗教家、科學家的根源大靈，聚首於九次元。

這繽紛的七色光，其實是巨大黃金色光的分光。這黃金色光的來源，是地球系靈團最高大靈、眾神之主，愛爾康大靈。愛爾康大靈的各個分身守護著地球。看到了如此壯觀的景象，海爾梅斯神，以「現代的托斯」來叫喚隆太。於是，隆太想起了過去在亞特蘭提斯的記憶，以及他和夕子的前世因緣……

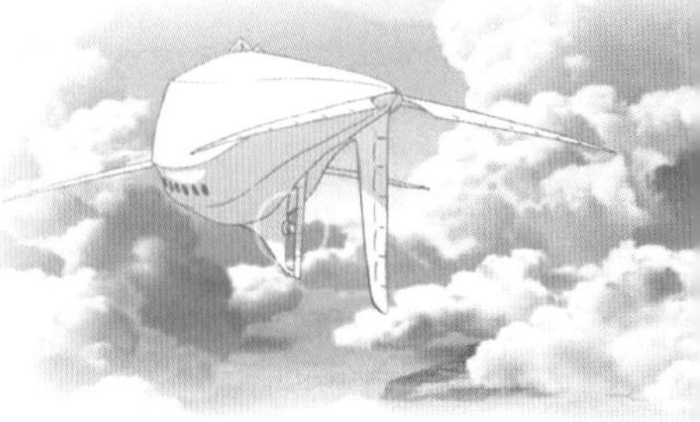

約在一萬年之前，大西洋上有一
特蘭提斯大陸，其上有高度發展
科技與文明。在全知全能的導師
統御下，科學技術與靈界思想融合
展，出現過以金字塔能量驅動的
潛水艇與飛行船。

國家圖書館出版品預行編目（CIP）資料

永遠之法 / 大川隆法作 ; 幸福科學翻譯小組譯. -- 再版. --
臺北市 : 信實文化行銷, 2015.01
面； 公分. --（What's being）
譯自 : 永遠の法
ISBN 978-986-5767-52-5（精裝）

1. 靈界

215.7 103027225

What' s Being
永遠之法

作者 大川隆法
譯者 幸福科學翻譯小組
總編輯 許汝紘
副總編輯 楊文玄
編輯 黃暐婷
美術編輯 楊詠棠
行銷企劃 陳威佑
發行 許麗雪
出版 信實文化行銷有限公司
地址 台北市大安區忠孝東路四段 341 號 11 樓之三
電話 （02）2740-3939
傳真 （02）2777-1413
網址 www.whats.com.tw
E-Mail service@whats.com.tw
Facebook https://www.facebook.com/whats.com.tw
劃撥帳號 50040687 信實文化行銷有限公司

印刷 上海印刷廠股份有限公司
地址 新北市土城區大暖路 71 號
電話 （02）2269-7921

總經銷 高見文化行銷股份有限公司
地址 新北市樹林區佳園路二段 70-1 號
電話 （02）2668-9005

Second Edition

2015 年 1 月 再版
定價：新台幣 380 元